U0540585

考试高手

吕白 著

江苏凤凰文艺出版社

图书在版编目（CIP）数据

考试高手 / 吕白著. -- 南京：江苏凤凰文艺出版社, 2024.3
ISBN 978-7-5594-7352-3

Ⅰ.①考… Ⅱ.①吕… Ⅲ.①考试-学习心理学 Ⅳ.①G424.74

中国国家版本馆CIP数据核字(2024)第049704号

考试高手

吕白 著

责任编辑	张　倩
图书监制	蔺亚丁　薛纪雨
特约编辑	王城燕　王　迎
装帧设计	WONDERLAND Book design 仙德 QQ:344561934
版式设计	姜　楠
出版发行	江苏凤凰文艺出版社
	南京市中央路 165 号，邮编：210009
网　　址	http://www.jswenyi.com
印　　刷	唐山富达印务有限公司
开　　本	880 毫米 × 1230 毫米　1/32
印　　张	8
字　　数	125 千字
版　　次	2024 年 3 月第 1 版
印　　次	2024 年 3 月第 1 次印刷
书　　号	ISBN 978-7-5594-7352-3
定　　价	58.00 元

江苏凤凰文艺版图书凡印刷、装订错误，可向出版社调换，联系电话025-83280257

前 言

让我再次燃起对考试热情的，是拿到北大光华MBA预录取资格以后的备考联考。准备的过程中，我就一直思考，为什么我感觉我还算"聪明"，且在新媒体领域有了一些小小的进展，却始终不能在"考试"上取得一些成就。

为此我翻了很多所谓的教"考试"的书。这些书有研究脑科学的，有研究记忆方法的，但就曾经作为"学渣"或者正常学生的人看来，这些基本没什么用。因为"学渣"最需要的就是，你直接告诉我"怎么考"。

我本来以为考高分是一门玄学，靠运气，靠心态，后来发现它就是一门技术，乃至是一个公式：

高分 = 对的方法 ×1000 小时刻意练习

我与近百个清华、北大的"学霸"聊完以后，发现他们中确实有一些人智商超群，很轻松就考上了清华、北大，还有一些人是通过一些竞赛或者留学生的身份进入清华、北大。不过，90% 以上的还是靠自己的方法和刻意练习通过高考考上的。他们有些是年薪 1000 万的名师，入学北大、清华时是各个专业的笔试第 1 名；某些是高考大省的前几名；他们有些曾经是"学渣"，因为掌握了"方法"，然后进入了清华、北大。

他们所用的方法，我作了精心梳理，以书籍的形式呈现出来了。读完你会发现，能让你考高分的方法，不是 1000 个，不是 100 个，甚至不是 50 个，就10几个。你不需要都做，你可以在里面先找一些适合你的方法，获得正反馈以后，再慢慢地培养成自己的学习习惯，最后靠自己的实力和努力，考上清华、北大！

最后：请你相信我比任何人都懂你。因为：

第一点，我是"学渣"，我特别能理解普通学生为什么学不下去，为什么考不好，以及考试的过程中会遇到的难题。因为同样的题，天才和普通人看法是不一样的，很多天才看一眼就知道答案，他们内心想的是，这么简单的题，你居然不会做？这么简单的题目还需要学习吗？他们无法和普通学生共情，抱着这样的心态是不可能教会你们的。

第二点，高考的时候，我曾经用了不到100天，提升了380多分。我最后是以专业文化课第一名的成绩被重点大学录取的。

第三点，我曾经写过的"如何把英语四级蒙到485分的规律"风靡全网，甚至还有考研名师笑称，打败英语名师的从来不是同行，而是其他行业的人。

最后一点也尤为重要，我曾是一家国内顶级教育公司K12网校业务的CMO（营销总监）。我过去最经常做的工作就是和名师打交道，推广他们的教育理念和方法，在这些名师的熏陶下，我逐渐懂了他们最核心的底层逻辑。

感谢高考，感谢研究生考试，感谢所有笔试占比非常高的考试。

这仍然是世界上最公平的选拔方式，读一个好的大学也确实是普通人实现阶层跃迁的最简单的方式。

马尔科姆·格拉德威尔在《异类》里提道：

"这本书中我想证明，个性作用并非个人成功的决定因素。成功人士并非白手起家，他们以某种形式获得家族的荫庇和支持。那些最终变得卓尔不群的人看似完全依靠个人奋斗，其实不然。事实上，他们一直得益于某些隐蔽的先天优势，或是非凡的机缘，抑或某一文化的特殊优势；这使得他们学得快，干得多，以普通人难以企及的方式认知世界。"

我想在这本书中，替你找出那些清华、北大毕业生成为学习中"异类"的核心技巧。

最后感谢2023级清华、北大MBA大家庭中的几百名同学的支持。他们有一些人成为这本书的参与者，为本书选出了合适的标题。

吕白

2024年1月

目 录

第一章　考试高手都有哪些好习惯

一、兼顾长时间与高效率·004
二、对一切事物充满好奇·007
三、把解决问题变成肌肉记忆·010
四、从家长到孩子，发自内心认为学习很重要·014
五、寻找对标榜样·017
六、给自己一个动力·020

第二章　普通人逆袭进清华、北大，需要怎么做

一、记住这是一场最公平的选拔·031
二、"开挂"的人生需要逆袭心态·034
三、比别人坚持得久一点·039
四、定准目标，以结果为导向·044
五、MECE 分析法：拆解目标，细化过程·046
六、利用碎片时间，和别人拉开差距·049

七、5W2H 法帮你快速拿高分·052

八、利用假期，"弯道超车"·057

第三章　会考试的人都特别会"偷懒"

一、把小目标定在你的拉伸区·079

二、会学习也要会休息·081

三、在做题爽点切换科目，而不是学到吐·084

四、将 80% 的努力放在总结和反思上·086

五、3 遍复习法，把习题册用到极致·087

六、适当放弃——你不需要满分·090

七、如何在考前给自己积极的心理暗示？·092

八、与自己比较，而不是与别人比较·095

九、想象自己就在未来的身份里·098

十、太用力的人走不远·100

第四章　从不及格到省前 10 名

一、没有人是"天赋型学霸"·107

二、谁不喜欢被夸奖呢？·110

三、平时付出 150% 的努力，考场上才可能发挥出 100% 的能力·111

四、三步归纳法，把一门学科学通·113

五、复习 15 个小时，通过一门考试·117

六、根据抗挫折极限做考前自我调节·119

七、跳出舒适圈，调整环境氛围·122

第五章 偏科的学生如何应对考试

一、考前选一套卷子磨 10 遍·129

二、反思偏科原因，逐一击破·132

三、先总结再刷题，先规划再优化·136

四、三个复习思维，做知识点全覆盖·140

第六章 一个半月冲刺北大之路

一、给自己一个坚持到底的理由·147

二、让氛围带动自己·151

三、精力分配·153

四、在有限的时间里抓重点·156

五、考试也是信息仗·159

六、考场实战策略·165

七、理解考试的本质，扭转心态·170

第七章　考了 4 次，终于拿到北大录取通知书

一、有一种信念让我傻傻坚持·175
二、考试就是在有限的时间内解决问题·177
三、前半小时，先做一眼就会的题目·185

第八章　爱好迁移法，让备考不再痛苦

一、把喜欢的和不喜欢的事情做串联·191
二、寻找每道题的母题·194
三、提升专注力与抗压能力·195
四、养成做错题本的习惯·197
五、用适当的压力逼自己一次·199
六、防止出现克拉克现象·204
七、绝不恋题，完成比完美更重要·206

第九章　记忆力飞升，试试费曼学习法

一、四个步骤，把知识点一次性记牢·211
二、通过教会别人，深化自己的理解·217

第十章 最容易快速提分的学科——英语

一、词汇是语言的基础·225

二、如何巧记单词·227

三、理解西方思维习惯,培养语感·232

四、考试过关技巧·233

第一章

考试高手都有哪些好习惯

> 任何一段难熬的日子，如果没有成长，就浪费了那些辗转反侧的夜晚，以及窒息难挨的情绪所给你带来的苦难。

被访人简介：

徐德直，清华本科，前头部教育公司的学科负责人，专注于 K12 数学教育。

第一章

考试高手都有哪些好习惯？

高考其实属于技能考试，考高分需要提升内容和技能的熟练度。考清华、北大需要一定的天赋——思维的天赋，做题的天赋……当然，只掌握方法，也不一定能考上清华、北大，还需要掌握一定的政策。很多人考清华、北大不是裸分上的，比如，通过博雅计划、竞赛加分、留学生加分、特招生等方式加分。现在裸分考清华、北大的占比不到一半。

我的一个清华的同学，就是靠加分进来的。他在很小的时候就发现自己对数学很感兴趣，所以会在学习之余专攻竞赛。他在高中的一次全国数学竞赛中拿到很高的名次，当时只要他的分数过了211线，就几乎能稳上清华、北大。

表1-1 2018年清华北大降分人数汇总

降分类型	清华大学	北京大学	合计
自主招生	949	855	1804
领军计划/博雅计划	1825	1559	3384
自强计划/筑梦计划	479	466	945
获得降分总人数	3253	2880	6133
预计计划招生总人数	3400	3300	6700

很多时候你不能想一步走一步！你一定得从高考出发，如果觉得自己的裸分考不上清华、北大，往前倒推，做出几套备选方案。最后看你真正适合哪条路。

一、兼顾长时间与高效率

为什么有些人开始成绩好，后来成绩不好了？

我给你作一个很好的类比。初中的知识量很少，很简单。假如初中的难度是 2 颗星。到了高中，你知道难度是多少吗？5 颗星。

为什么有些同学初中成绩好，到了高中就不好了？因为他在初中时花了很多时间把成绩提上去了，所以成绩好。

高中知识一下子变得很难，并且每科的学习任务都很重，他没有那么多时间按照初中的学习方式来提升成绩，成绩自然就不好了。

第一章
考试高手都有哪些好习惯？

而有些学生初中成绩不好，到了高中就好了。一个小孩不努力，但初中考90分；一个小孩很努力，初中考了95分。前者到了高中可能考到95分，后者到了高中说不准只能考60分。

我认为这个现象背后的机制很简单——在前半程付出越多努力的人，在后半程越容易被超越。这是一个看似荒谬、但在统计学上很容易理解的理论。

初中知识点比较单一，比较少，因此，很多学生采用背诵、记忆的方式加上一些理解，基本能够掌握这些知识点，考取了比较高的分数。而到了高中之后，学生面对比初中更多的学科、更难的知识点，如果仅仅靠去背诵，去记忆，这样是很难应对的。

学生缺乏独立思考和分析能力，就很难去独立解决问题。

投入＝时间×效率。如果初中的知识点靠时间就能积累的话，高中就需要靠效率。即便你投入的时间很多，但是你的效率很低，实际投入的也还是很少。

所以在高中及时调整学习方法很重要：

①先让自己达到平均水平。高中的试卷一般分为三大类，基础、进阶、拔高。基础题只要自己态度端正，多去刷题一般都能掌握，只要拿到一小半进阶题的分数就能进入中等以上水平了。

②拿出自己的优势学科，集中加强训练，逐步建立自己的王牌学科。当这门学科的知识点打牢以后，你可以将对这门学科的信心迁移到其他学科上。根据自己的情况对其他学科进行排序，逐个攻破，循环迭代。

③很多同学遇到难题不太想去问老师，这时就可以巧用参考书。其实市面上很多参考书的解题思路非常有用，将参考书上的题型和对应的解题思路摸透，一样可以提高成绩。为防止一些参考书上的答案不全，可以多买几本参考书，交叉、比对着学，这样也能拓宽自己的解题思路。

二、对一切事物充满好奇

我能考上清华的核心原因在于我的自学能力比较强，这源于我对一切事物充满好奇。我从小就喜欢思考问题，善于思考问题的本质。

可能是由于我小的时候太单纯了，当我学到一个新东西的时候，我特别想理解它到底是怎么回事。我在一年级的时候就看了好多关于宇宙方面的书，有很多问题想不明白，但是我会开始去想，而不是看完就算了。那个时候我就已经开始培养自己的逻辑思维了。长大以后，不管是学数学还是什么，我都会思考它背后的逻辑，开始去思考这个东西的本质。没想明白，我就不往下走，我会继续想。

在《三联生活周刊》的一篇文章中，我看到过一段关于人类好奇心的解释。文章是这样说的，人类与灵长类动物有三个相同的驱动力：食物、性、庇护所。但是人类独有第四项驱动力，那就是好奇心。

好奇心是学习的最大动力。

我爸妈对我的影响比较小,他们都是农民。在我这一代之前,家里没有考上大学的。我觉得我的好奇心可能是因为我从小比较孤独,没有人跟我玩。我一个人待着也没事,碰到一些新奇的事情也没人告诉我原理,所以我就自己去想,习惯于去思考,所以就有了好奇心。

我看过一本心理书,书中将好奇心分为两种:消遣性好奇、认知性好奇。

消遣性好奇督促着我们去认识这个世界,让我们的视野更广阔,能够让我们有兴趣去了解新的事物。我们在大多数时间,对某一件事情的好奇都是消遣性好奇。比如,日出日落、地球围绕太阳转。

把消遣性好奇继续发展转化,把对事物的理解和认知深入下去,这个时候我们就会产生认知性好奇。认知性好奇能够让我们超越自我,并在工作和学习中做得更好。

第一章
考试高手都有哪些好习惯？

举个例子。我小时候在一本科普书上看到地球绕着太阳转的内容，我当时只有 8 岁。当我看到地球绕着太阳转的时候，我开始思考一个问题，太阳绕着什么转？

大部分孩子都有追问的习惯，其实就是在原生问题上衍生下去，变成认知性好奇。

比如，这时候我会问问自己：为什么地球绕太阳转？因为有引力，引力决定了地球能转。太阳在银河系中，要想达到旋转的状态，就得有一个足够大的引力吸引它。正常天体如果足够大，就会坍塌。而我知道黑洞的质量是非常非常大的。我就这样不断地追问下去，觉得非常有意思。

我不像别的孩子玩的东西特别多，也没人跟我玩。我闲着没事就思考，这逐渐演变成我的一个爱好。这种思考让我学理科时特别有优势。当我非常渴望得到答案时，大脑皮层会发生变化，帮助我获得新知识，因为答案让我感到兴奋，所以我想要学习更多。

我会去解决一个具体的问题,而不是等归结出一类问题再去解决。

很多老师会把题型归类,比如,路程问题、利润问题……这是老师思维,而不是学生思维。它会牵扯到你的心理能力、专业能力、逻辑能力。只知道这些能力没有用,你要在一遍又一遍的实操中,不断地去分析每一种情况,形成一种肌肉记忆,才能真正把这些题型融会贯通。

三、把解决问题变成肌肉记忆

拿数学这科举例。数学本质上考的是怎样解决问题。所以,你要把解决问题变成一种自然反应,相当于你都不用思考就会做这个题。培养对不同问题的惯性思维,就是不断刷题、思考总结。

比如,做几何题时,你要总结到底做不做辅助

第一章
考试高手都有哪些好习惯?

线,什么时候做,不断印证和调整惯性思维,继而变得越来越熟练。

从题目中总结,在实践中应用,不断地去优化自己总结的东西,这样就慢慢地把解决问题变成一种惯性思维,变成一种肌肉记忆,才有可能拿到高分甚至满分。

很多人学不好的原因在于思考得不够深入,把答案看懂了就过去了,不会思考总结,所以导致成绩不好。

举个例子。我上三年级之前数学成绩还可以,可为什么学了应用题以后,我的分数直线下降?因为三年级之前的数学,是考你熟练度的,也就是加减乘除法。加减乘除法是基础,你只要练得足够多,就能学会。

而三年级以后的数学考的是什么能力?它开始考逻辑了,数学的本质就是逻辑。从已知的条件到得到结论,要把中间的过程补充完整,就是一条逻辑链。很多同学不会思考，同一种类型的题，做20遍就会，没做20遍就不会。

好思维特别有用，但什么情况下有用？自己总结出来的最有用。这类题有几类？每种类型的题怎么做？这些东西只有自己总结出来的才真的有用。老师给你讲100遍，不如你自己总结出来1遍，这种方法特别有效。

我一般会从四个方向去整理题目：

第一，按题设整理（就是看问法或者条件）。比如，语文里字句的含义、作用之类的，表达了什么情感……

第二，按题目类型整理。比如，物理里的电磁学、力学分析。这时候在整理的时候去考虑它的分支，比如，力学里的圆周运动，那你就要把圆周运动所涉及的内容尽量给囊括进去，满足什么条件时能使用这些公式。

第三，按图片整理。比如，很多化学实验都是

第一章
考试高手都有哪些好习惯？

相似的，找出图片中实验不规范的地方等。

第四，按体系整理。比如，数学，从最开始的集合到导数、函数，你需要自己先分类，然后梳理成体系。比如，在几何题型中，由点到线，由线到面，由面到体，引出来立体图形，立体图形里有什么知识点？求点，求线，求面，求角，求距离。

最后是延展，分三方面去问：是什么？为什么？怎么做？

是什么：整体考查的知识点是什么，就是这个知识点从哪儿出来的，是推论、二级推导还是实验观察。

为什么：这类题型的考查意图，想考查对公式的理解，还是对知识点的熟练程度。

怎么做：题目的解法，或是一些工具的使用方法。比如，在学了导数的基本概念之后，你会发现导数在最开始好像就只是求个单调性区间，顺带着就引申出了极值。

现在很多学生的问题在于，他没有时间精力自己总结，老师总结的他又不会往心里去。事实上，学生自己总结之后，会非常笃定，知道该怎样做，遇到类似题型会更有把握。

四、从家长到孩子，发自内心认为学习很重要

现在很多家长拼了命地想让孩子成绩好，但孩子自己不在乎成绩。所以家长再怎么让孩子努力，他也不会去努力的。很简单的一个道理，当他不在乎成绩的时候，就不会用功，成绩自然不好；当他在乎成绩的时候，会很用功，成绩就好了。

比如，对很多成年人来说，赚钱最重要，能赚钱就会开心。如果有人告诉你要修身养性，每日早睡早起对身体好，你知道很重要，但是你不会往心里去的；但如果说这个事情能让你赚100万，你一

第一章
考试高手都有哪些好习惯？

定会努力去干。

我小的时候为什么会觉得学习很重要？因为我家里比较穷，我妈去买菜，这个菜价5角跟4角对她来讲都很重要。但是她在我的学习上非常舍得花钱。我需要一瓶墨水，墨水有5角的，也有1元的，她一定会给我买1元的，因为她打心底会认为这件事情很重要。她不会嘴上告诉我这件事情重要，而是让我感受到她认为这件事情很重要。

我用这件事情来类比是想说，学生要从心里认为学习很重要，并且尊重学习这种行为。

有一个很常见的例子。很多家长逼着孩子学习，监督其学习，但是在监督的时候，家长却在旁边玩手机。孩子会想："你觉得学习很重要，那你自己为什么不学习？你既然自己不学习，还在旁边玩手机打扰我，那就说明你骨子里认为学习不重要。学习是对你的面子重要，但是对我不重要。"他这么想的时候，自然而然就不会去学习了。

家长要以身作则，从内心接受学习很重要这件事情，而且给孩子营造一个好的环境。当孩子学习的时候，全家保持安静。你什么都不用说，不用告诉他学习很重要，说这些没有用。当他学习时，全家都很安静，不打扰他的时候，他就觉得这是一件很有仪式感、很重要的事情。

当他一开始学习，家长就给他准备好相关的东西，也很尊重老师，把这件事情排在第一位，他就会认为学习重要。

还有个例子。我在放学回家后，父母从不让我做家务，因为他们觉得做作业是头等大事。家里来人了，他们会说小声点，别打扰孩子写作业。所以我从心底觉得，学习是件非常重要的事。

假如现在孩子要上网课，但有朋友约他出去玩，你不用告诉他学习重要，你只要让他明白，当上网课和出去玩发生矛盾的时候，该毫无疑问地选择网课，他就会知道原来学习很重要。你要潜移默化地去影响他,而不是告诉他。最好的方式是,你要去用自己的行为影响他,让他认为学习很重要。

可以将结果前置化,让他知道学好以后会发生什么。

要避免空泛地讲大道理,把学习好坏的利弊与他自身结合起来。

五、寻找对标榜样

榜样很重要,尤其是把老师当作榜样。孩子能在老师身上看到自己想要成为的样子。举个例子,有的孩子很皮,说我成绩好又能怎么样?比如,清华、北大毕业或者成绩很好的老师,可以赚很多钱,又能得到很多人的尊重……什么都很好的时候,他就会觉得我自己也想成为这样的人,这就是榜样的作用。你佩服这样的人,所以才愿意跟这样的人去学习。比如,我以前有个物理老师,我都不记得他教的知识了，但是我就觉得他这个人有很强的人格魅力，性格特别好，是我认为的男人该有的样子。他身上有我想成为的样子，所以我佩服他。

要认同老师。文艺点说，他是你想成为的样子。想找到自己的榜样，你可以从这三类人身上找：①某领域内杰出的人；②你身边比你优秀的人；③你崇拜、喜欢的人。

你可以拿出一张纸把他们的优点以及成功要素写上去，把这些作为你提升的目标。在你找到对标的人之后的第一步是，研究他们的优势和特点。

我初中的时候骑自行车上学，我的自行车特别破，有一次我的车座掉了，周围全是同学。他们在准备升旗仪式，我迟到了，我骑过去咔一停车，车座就掉地上了。所有人看到后都笑话我，当时尴尬得无地自容。但后来我从我的物理老师身上看到了怎么去解决这样的问题。

有一次，我的物理老师来上课，屁股上都是水，

第一章
考试高手都有哪些好习惯？

同学都在笑话他，但是他很淡定，说："刚才骑摩托车，屁股上沾了水，你们不要笑话我。"

他就这么很淡定、很从容地开始讲课了。他笑了笑，大家也笑了笑，后面就都不笑了。所以之后我在尴尬的时候，我就用自己强大的自信心去处理。我在他身上看到了我想成为的样子。

我还遇到了一个好老师，我的高中物理老师。他教课特别厉害，板书写得很漂亮。我在他身上看到了一种美感：在学习中体验美好的感觉。

我第一次发现我学习不单纯是为了成绩好，而是希望有一种美感在我内心深化。这种美感就好像看电影的时候，那种全身过电的感觉。所以他对我的影响特别深。我现在的板书水平属于行业里比较好的。我在遇到他之前，虽然考试是第一名，但我的卷面很乱，这在考试的时候其实很吃亏，很多时候阅卷老师没看清一些符号或者公式就给我判错。但在遇到他之后，我也没有特意地去变好，只是在模仿他，不自觉中变得越来越好。

榜样的本质是他身上有你想要成为的样子，你会去模仿他、认同他、喜欢他，愿意听他的话。

六、给自己一个动力

大部分时候我都认为，首要是学习好。学习好会给我自信心，这是我自信的来源。我从小家里穷，长得也不好看，跟别人玩游戏的时候，也玩不过别人。我只有成绩好，才能赢得老师、同学、亲戚、朋友的尊重。这对我很重要，所以我会努力做到最好。

在我孩子身上发生过这样的事情。我告诉她考上清华很重要，但她觉得不重要："我为什么考清华？我去海底捞当甩面师傅，也很酷。"

什么时候她突然想好好学习了呢？是她姥姥告诉她，爸爸是清华的，妈妈是人大的，如果她连大

第一章
考试高手都有哪些好习惯?

学都考不上,我俩会非常丢人。我家孩子是一个特别在乎别人感受的人,有点讨好型人格,她的快乐建立在别人因为她而快乐的基础上。她也是个荣誉感很强的人。当她姥姥告诉她这件事的时候,她突然有了一种想法:我要好好学习。每个人的动力来源不一样,我们要根据人的性格特点来确定他的动力来源。

一个目标感很强的人,一定知道自己想要什么,并为了达到目标而拼命努力。所以对于目标感强的人,他需要在很早的时候就设置好目标,自己设置也好,家长设置也好,比如,这学期期末必须考到多少分。然后拆解到每一步,第一步、第二步、第三步该怎么做。

每个人要有自己的目标,每个人的目标都是值得被尊重的,只要不违法。你可以把你的目标与考清华、北大联系起来。说一个我自己的例子。我上初中的时候,发现我有好感的女生成绩都特别好,我也想成绩好，所以有一段时间就一直拼命学习。

我身边的一个朋友，他家孩子是姐妹俩，两人最后都考上了非常好的大学，一个北大，一个北师大。她们的妈妈就做了一件事，每次吃饭的时候，就问两个人今天谁在课堂上举手举得最多，她们俩就跟竞争一样："我举了5次""我举了6次"。诸如此类。长此以往，这两姐妹的成绩都变得很好，因为她们很主动。

我在抖音上看到一个名师讲的，大概意思是这样的：

1977年，全国恢复高考，当时我上高一，不分学历，不分年龄，谁都可以报考，所以班主任就动员我们班前5名的同学提前参加高考。那5个同学得到班主任的鼓励以后，奔走相告，喜气洋洋，精气神马上就不一样了，我突然发现，我是不是也得参加高考？所以哆哆嗦嗦地去找班主任。我说，老师，我今年也

第一章
考试高手都有哪些好习惯?

参加高考行吗?班主任用那种鄙视的眼神看着我:你跟我说啥?癞蛤蟆想吃天鹅肉,就你这个样,还高考?你快走,别再耽误时间。

他当着全班50多人的面把我打击了一顿。可能有人会觉得奇怪,你那个班主任怎么这么差劲?你又不是想做坏事,只是想考大学,他为什么这么讨厌你?

我的同学们讲,不光班主任讨厌我,同学也讨厌我。那时候我16岁,年轻、精力旺盛,又不爱学习,所以我的精力便出现了严重的过剩。现在的学生精力过剩了,可以上网吧打游戏,可以玩智能手机,还可以谈情说爱,可是我那个时候,没有手机、电脑这些东西,那只有一件事可干了,谈情说爱,但是我跟人家谈,人家不跟我谈。

所以过剩的精力全部带到班里来了,班级经常被我搞得乌烟瘴气。我的学习是什么情况呢?我们班53个同学,我排在40名之后。班主任正好逮着这么一个机会向我表示了他的不满。我心情非常沉重地离开了老师的办公室。我作了一个决定，继续放大我的声音，在班里更折腾了。结果折腾到3月底了，班主任给全班的同学开动员会，鼓励他们争分夺秒抢时间，又把我想考大学这件事当成笑话一样跟那5个同学讲，说：你们知道吗，某某今年也想考大学，是不是挺可笑的，结果被拒了。那5个同学也觉得挺不可思议的，那个时候考大学只有千分之十五的录取率，仅仅优秀学生才能考上，其他人希望很渺茫。

我这样的差生也想考大学，那不是对优秀学生的侮辱吗？所以那天快上课了，那5个人排着队来到我跟前，其中一个人跟我说，我听说你今年也想去考。

我像做了什么坏事一样不敢承认。他说，我告诉你啊，你如果也能考上大学的话，大学生就变得一文不值了。第二个说，你能考上大学的话，那大学生都得去打扫厕所了。第三个、第四个、第五个，一个比一个说得难听。周围的同学不知道发生了什么事，都很愕然地看着我。

第一章
考试高手都有哪些好习惯?

被人家打击到这个程度,我如果再不奋起反击的话,我这一辈子都没法抬起头了。从没有过的激情在心中升腾,我气冲脑门下定决心要考上大学,后来真就考上了。

我的动力来源就是别人的冷嘲热讽,我想打他们的脸。

命运要你成长的时候,就会安排一些不顺心的人和事,刺激你。所以找到适合你自己的动力来源非常重要。

一般好的动力来源有3点共性:

①你不会觉得这个目标难以达成。

②目标是具体的,可量化的。

③目标会激励你,充分调动你的积极性。

确定自己的动力来源之后,就开始去做。

我介绍3个方法:

①心理学上有一个专业术语叫"损失厌恶"。

什么是损失厌恶呢？人们憎恶失去属于自己的东西，他们的直觉思维系统对此会难以接受。大体上来讲，失去某件东西使你难过的程度远大于你得到这东西使你快乐的程度。

比如，你可以幻想自己考上了清华大学，成了人人羡慕的"学霸"，你会收获什么，越具体越好。然后问问自己，如果我没有考上清华会怎样？

有组实验非常有趣。实验受试者收到10元钱之后，再让他去完成一些事儿，然后告诉他，如果完不成，将会从他手里拿回这10元钱。另外一组则告诉受试者，只要完成了一件事，就给你10元钱。前者的完成率要远大于后者。

②《内生动力》这本书上介绍了一个很好的完成目标的方法：目标梯度效应。什么是"目标梯度效应"？即取得的进展越多，你就越渴望继续，这一点在人类和动物身上都能看到。比如，在很多APP都有签到这一功能，连续签到3天能获得一个

第一章

考试高手都有哪些好习惯？

奖励，连续签到7天会获得更大的奖励。这就是目标梯度效应。

③坚持 = 简单的小任务 +5分钟工作法。如果你还是觉得行动起来很困难，那就用这个方法——5分钟工作法。

有时候我们的大脑会有依赖残留的现象，没有办法立刻从放松状态进入学习状态。这个时候我们就需要5分钟的缓冲。比如，你准备刷题，那你可以拿着试卷看一会儿，不管能不能看进去，只要你眼睛和手不离试卷，那就算进入预热阶段了。等到5分钟后，大脑缓过来就能进入学习状态。

考试高手 Tips：

1. 投入 = 时间 × 效率。先让自己的成绩达到平均水平，再建立自己的"王牌学科"，然后将其他科目按自身情况进行排序,逐个攻破,循环迭代。

2. 培养自己的好奇心,好奇是学习的最大动力。

3. 培养自己的总结能力,形成惯性思维,按照文章中的总结方法,快速成为"学霸"。

4. 培养学习意识,从心底认为学习很重要,需要认真对待。

5. 选择一个合适的榜样,自己会不自觉地向榜样学习。

6. 学习的动力来源有三点共性。巧用"损失厌恶"心理,目标梯度效应和"坚持 = 简单的小任务 +5 分钟工作法"。

第二章

普通人逆袭进清华、北大，需要怎么做

考试高手

那些无数个奋笔疾书的日夜，无数个含泪坚持的时刻，都会在不经意间成为你未来面对困难的底气，因为你创下的奇迹，也因为你不服输的精神，都会化解来自四面八方的不幸。考试有时候考验的不仅是知识储备，更是你面对困难的态度。

被访人简介：

张钰曼（自媒体全网同名：Rose 北大 PKU），北京大学经济学院 2017 级本科，保送北大经院金融硕士，甘肃省高考文科第 13 名。

第二章

普通人逆袭进清华、北大，需要怎么做

一、记住这是一场最公平的选拔

正处于迷茫颓废的你，知道自己要努力但就是抵抗不了诱惑。你希望有人把你拽出来、骂醒你？对不起，没有。你想堕落可以无止境地堕落下去，看客都会喜闻乐见，没人会拉你一把。极度内卷的今天，少一个竞争对手不好吗？毕竟大家都觉得，自己比别人高1分，可能排名就能高1000名。

这不是1分的差距，这是一所学校，一个城市，一个未来的差距。我们努力的意义是扩大自己的选择空间，让未来不会为了钱选择谁，不会为了将就而选择某所学校。

很多家长带着孩子来问我：高二/高三剩下××天了，还有可能逆袭吗？

如果我说有，你就会去努力吗？如果我说没有，你就准备放弃了？对未来负责的人是你自己，承担未来的人也是你。

一两年时间从"双非"一本复读逆袭清华、北大的真人经历不在少数，他们从不会问别人："我能行吗？"而是在一片嘲笑声中默默告诉自己："我可以。"

你觉得985和双非没区别？你觉得学习对你的影响不大？你需要了解一下这个世界已经内卷到了什么程度：你梦想的好公司招聘要求都是985、211院校及以上，至少是硕士学位。

同样是每天坐在一起读书18年，连考试你都不会，凭什么说自己以后的竞争力比别人强？

学习好这件事情能体现一个人长期以来培养出的很多特质：自律、坚持、耐心、细心、会总结归纳复盘、能短时间内看透问题的本质……

很多人说读书不是唯一的出路，但在我们人生的前20多年里，大部分评判我们能力的标准大多是考试的分数。考试也是最公平的选拔。

比如，语文好的人表达能力、口才、沟通能力

第二章
普通人逆袭进清华、北大，需要怎么做

一般不差；英语好的人更容易获得国际视野和机遇；数学好的人一般思维缜密，因为他们在长期锻炼下头脑灵活，逻辑性强，分析问题有条理步骤；政治好的人更能判断宏观局势；地理好的人普遍都做了很多题，从细碎的知识点中一点一滴积累，更能磨炼耐性；历史好的人以史为镜，擅长迅速从历史事件中推演未来可能发生的状况；物理、化学、生物好的人在未来有可能吃到高端制造、生物医药等高壁垒、高收益行业发展的大红利。

如果连考试都搞不定，未来你凭什么跟人竞争？

靠运气的时代已经过去了，现在需要凭实力说话，凭运气赚到的钱都会凭运气输掉。问问自己，除了高考你有什么其他的出路？家里有矿？父母能保你一生无忧、逍遥自在？看到不如你的人混得风生水起，你心理平衡吗？

二、"开挂"的人生需要逆袭心态

想要"开挂"的人生,就要有相信自己可以逆袭的心态。定期给自己打打鸡血、充充电很有必要。

很多清华、北大的学长、学姐都曾分享过自己在一两年内逆袭的故事。比如,贺淑婷学姐写的《你凭什么上北大》,我在坚持不下去的时候来来回回看了几百遍,现在看都还会热泪盈眶……

我不知不觉中受到了这些感染,从而经历了和她相似的历程,也达到了和她相同的目标。回想起来,我和她的经历竟是那么相像。

给大家推荐我看过无数遍的知乎高质量问题:"为什么突然有一瞬间你会特别想好好学习?""为什么要学习?""考清华、北大真的是靠天赋吗?""学历真的不重要吗?""逆袭成功到底有多爽?"。

看完之后你们会收藏的!

第二章
普通人逆袭进清华、北大，需要怎么做

1. 给自己画饼

很多人前期一股冲劲，后面就泄气了，只要一开始行动，就习惯性开始压榨潜力，给自己制订高标准的严酷计划，最后虎头蛇尾。这时候我们要把时间拉长，坚持长期主义。

平时可以多问自己几个问题：

①我希望干什么？（我要复习）

②我实际或者将要干什么？（我在玩手机）

③我不去做我希望做的，是因为我觉得一旦去做了会有什么不利后果，或者有什么原因让我觉得现在不能去做？（我天赋不够，状态不好时肯定记不住，学了也白学）

④我改变行动轨迹，放弃了做自己希望做的事情后，什么情绪和感受立即就下降了？（开始玩手机后，烦躁感立即就下降了）

⑤从长远来看，我这样的行动方式，让我陷入了什么不利局面？（一直没复习，考试经常挂科）

⑥这个不利局面让我更相信什么了?(我是差生,天赋不够)

这时候你就会更加清晰地发现,自己动不起来会导致什么后果。我想说的是,你不是差生,你天赋异禀,你也可以考上清华、北大!在任何时候都要相信这一点。

所以从现在开始就动起来,不要给自己找状态不好,过会儿再学的理由来逃避。

现在请你想想自己未来想要怎样的大学生活,想在什么城市做什么工作、生活的环境如何?你会遇到那个闪着光的人吗?

我会把目标具体地呈现出来。比如,高中时我的屏保是北大图书馆,家里挂满了未名湖的照片,还有状元学姐写给我的寄语。坚持不下去的时候看一看就又充满动力了。

另外,请相信积累的力量:

$1.01^{365}=37.8$ $\qquad$ $0.99^{365}=0.03$

第二章

普通人逆袭进清华、北大，需要怎么做

看到这个算式你是不是觉得很神奇？没错，这是每天坚持提高 1% 和每天坚持落后 1% 在一年后的差别。

如果感觉自己还没动力，那肯定是你给自己画的饼不够香。

2. 对自己的能力和未来充满自信

你为什么不敢逆袭、坚持不下去、看不到结果就想放弃，归根结底是因为你不够自信。

美国作家爱默生说："自信是成功的第一秘诀。"

我有个小窍门，在纸上列下 10 个优点，不论是哪方面，细心、眼睛好看、唱歌好听、能吃苦、能坚持……在面对任何事情时，想想这些优点，并告诉自己有什么优点。这样有助于你提升自信，这叫作"自信的蔓延效应"。

比如，在偏科的时候，告诉自己，我数学还不错，逻辑性很强，所以这科我肯定能学好。或者加入一

些夸夸群，找一些朋友，你们日常互相鼓励，互相夸对方。

心理学家罗森塔尔做过一个试验，随机挑选了几个学生，告诉他们，你们经过智力测试，都是智力非凡的孩子。过了一段时间，这些学生的成绩都有了普遍的提高。

另外我还有一种"凭空产生自信"的方法：

从现在就开始，试一试你拼尽全力去学习一段时间。在使用基本正确的学习方法的前提下，你尽自己最大的力量去做题、思考、记忆。不顾一切地去做，即使就提升1分，也是一次巨大的进步，你离北大也更近一步。这时候你会有一种源于内心深处，涌现出来的强大力量。

进入这种状态后，别人的评价就变成"笑话"了。比如，某位同学说你成绩不好需要努力时，你这时正在尽自己的全部力量、自己的一切去挑战"极限"和"拼命"，你的心态或者眼界早就远远地超过了"努

第二章
普通人逆袭进清华、北大，需要怎么做

力"这个词所代表的意义了，所以你只会觉得他人的话很"搞笑"。

总之你的自信源自你努力之后的底气，不论结果如何，你都会觉得自己"无所畏惧、战无不胜"。

三、比别人坚持得久一点

你现在只是在经历一场小的考验，但它奠定了你未来发展起点的高度，你要相信自己，虽然进步没有想象中那么快，但你最终会一步一步地走到终点。

不要做那个不能吃学习的苦，却能吃生活的苦的人。当你需要吃生活的苦的时候，你已经无法选择，只能接受。现在，你还有选择的余地。

放平心态，接纳学习，拥抱学习，不要相信有人天生就"爱学习"，能玩谁爱学习？这就是人性。坚持学习的人和你的唯一的区别是，他们与你看待

学习的视角不同。

你觉得：学习是痛苦，是折磨，是煎熬，减少了你的娱乐时间。你不知道学习的价值何在。

"学霸"觉得：学习是改变人生的捷径，是成本最低的机遇，是性价比最高的回报，是与普通人拉开差距的最快办法。让自己有更高的价值和不可替代性，是在任何人面前都能拥有傲视底气的第一步，是拥抱更美好世界的敲门砖，是你俯视这个世界的直升机。

没有一道题是白做的，不要小看你敷衍过去的每一道题。"学霸"都是通过日积月累，找到规律并总结出方法，然后在重复中不断熟练。

1. 学会和自己签奖励合同

认知心理学有一个"间隔效应"：不要试图一次学完所有东西，分几段时间来学习，这会大大提高学习效率。

第二章

普通人逆袭进清华、北大，需要怎么做

就像我们听过某一次主题演讲，之后就忘记了一样，或者大多数教学课程每节课只教一个主题，而且直到考试前都不会重复学习，但这种几乎没什么效益，上课时间太长了反而是无用学习。

所以我一般不会一次性学完所有课程，相反，我可能比较懒，学一会儿就给自己一个小奖励，比如，学30分钟，就奖励自己玩10分钟手机。10分钟之后，我在学新的知识点前，把刚刚学的简单过一遍。

每次学习的时候，我决不看手机。每次玩手机的时候，我也决不想学习。

如果最近学习任务比较重，或者作业比较多的话，我的奖励方式是，各个科目穿插着学，换换脑子。比如，学1小时数学之后，再学1小时的英语，在学英语之前，花个10多分钟把数学的知识点简单过一遍，或者学数学前，把前1小时学的英语长短句花10多分钟再背一遍。

这样不会很累，反而会很有趣。比如，学英语累了之后，换成其他科目，脑子像是又活过来了一样，从枯燥无味的阅读理解，换成需要思考推理的化学方程式。

2. 把自己想象成一个没有感情的解题机器人

不要内耗！不要想结果！

别去想"还剩××天就考试了"，也不要去想"万一学了也考不好怎么办""有什么学习的捷径"……

记住，在任何时候学都比放弃要强，能多拿1分是1分。学习没有捷径。就算学了也考不好又怎样？

我很负责任地告诉你：成功路上没有捷径，只有日复一日的重复和"再坚持一秒"的决心，很多时候真的就是想得太多但做得太少。很多人问"我不知道怎么努力，我不知道怎么学，有什么好办法啊"，你真的觉得除了看书、听课和刷题，还有什

第二章
普通人逆袭进清华、北大，需要怎么做

么一夜之间能让你全都学会的办法吗？

你缺的从来不是技巧和方法，只是努力而已。

解决考试中的一个个问题，才能解决人生中一个个难题。

我从网上看到一个数据，成年人最后悔的事情是什么？排第一的是：当年没有好好学习这件事情。

我看到过一段话："真想一觉醒来，发现自己是在初三的一节课堂上睡着了，现在经历的一切都是一场梦，桌上满是你的口水。你告诉同桌，说你做了一个好长好长的梦。同桌骂你白痴，叫你好好听课。你看着窗外的球场，一切都那么熟悉，一切还充满希望。"

这段话触动了我很久，是啊，现在的我们，一切都还来得及。

一个能在深渊中存活很久的人一旦清醒，必将一鸣惊人。谁还没有一段含着泪咬牙坚持到就快要放弃的时候呢？

"在光芒万丈之前,我们都要欣然接受眼下的难堪和不易,接受一个人的孤独和偶然无助,认真做好眼前的每一件事,你想要的都会有。"

不要去羡慕那些绝地反击的人,要去成为让别人羡慕的奇迹。

四、定准目标,以结果为导向

高二之前,我只是一个平平无奇的小女孩,在高一升高二的那个暑假我做了一个谁也想不到的决定:"我要考北大。"总之那个时候我突然意识到,不能再这么浑浑噩噩下去了。

为了找到考上北大的源动力,我开始认真幻想,比如我想成为全村的骄傲,然后在"天之学府"学习,接触更多优秀的人。除了幻想,我还拿出了十二分的精神去努力、追赶,让自己离北大更近一些。很多朋友都问过我一个问题:"那两年你是怎

第二章
普通人逆袭进清华、北大，需要怎么做

么过的啊？"

我想了想说："平时不太敢喝水，因为去厕所的那几分钟对我来说，是一件浪费时间的事情。"

刚开始真的很迷茫，补不完的知识点像无底洞，不断地消磨着我的耐心和冲劲，但有着迷之自信的我坚持下来了。半年之后的期中考，我进步了700名，进步迅猛得让自己都难以置信，那时我开始坚信"加速回报定律"。原来很多时候打败我们的都是自己的心魔，原来高高在上的尖子生也都是纸老虎，原来高考不仅是刷题战更是心理战。

只要开始行动后，你就会发现学习没有那么难。题是可以刷完的，知识点一学期就那么多，来回看几遍就能熟稔于心。没有一道题是白做的，它们都会回馈在你每一次的考试成绩里。

我从年级第829名，冲到第158名，100名，52名，23名，12名，直到年级第1名，最后冲进了北大。

每一次年级排名的进步,都像是对我努力的奖赏,也成为我动力的来源。现在发现,高考其实不只是考书本上的知识点,还考验你的决心,考查你解决事情的能力。

五、MECE 分析法:拆解目标,细化过程

我发现很多人,放出狠话却坚持不下来的原因是,不知道给自己奖励。简单来说就是,很多人定了一个远大目标之后,都会被吓着。而我不会。分享一个拆解目标的方法,每次达到一个目标,就成为去往下一个目标的动力。

MECE 分析法,这是《金字塔原理》中提出的一个重要的原则,能有效地帮我们对问题和目标进行结构化拆解,避免因思维混乱或理解不透,出现重复或遗漏的逻辑漏洞。

ME:各部分相互独立,没有重叠和交叉。

第二章
普通人逆袭进清华、北大，需要怎么做

CE：完整性，没有遗漏。

什么意思？可以分四步来理解。

第一步，确定要达到的目的是什么。比如，我要考北大，那我至少需要考630分以上才保险。

第二步，寻找符合MECE原则的切入点。比如，我找到当年本省高考文科状元的成绩——语文113分，数学145分，英语136分，文综242分。

第三步，运用MECE持续细分，进行层层结构分解。比如，当我看到高考状元的成绩，人都傻了，对每门功课勉强及格的我来说，这完全是天方夜谭。

所以当时我给自己定了明确的目标：两年时间

语文70分升到110分

数学50分升到145分

英语60分升到140分

文综80分升到240分

第四步，确定是否有遗漏或者重复。比如，刚高一结束的我对高考没有任何概念，高考考卷长什

么样？要考什么？怎么才能达到这些分数呢？为了弄清楚这些，我买了一套高考真题集回来研究，看完之后我发现每年高考题型竟都很类似。

既然如此，我只要把题型都练透，就能达到预计的分数！

语文：想要考到110分以上，作文保守估计扣15分，阅读每道3分，只能错3道，平均下来每篇阅读文言文只能错一两道，其他题几乎不扣分。

数学：145分意味着除了最后两道题可以有最后一步的容错率以外，不能有任何基础问题。

英语：作文保守扣5分，阅读容错两三道。

文综：主观题每题扣一两分属于很好的情况。所以要保证24道选择题几乎满分。

这个目标离我现在的情况太遥远，我制定了"两步走战略"，继续细化目标：

高二一学年：补上高一、高二所有课程基础，保证数学基础题不出错，英语保证记住3500个词，

第二章
普通人逆袭进清华、北大，需要怎么做

以便阅读题不要错太多，战略性放弃各科难题和语文作文。

高三一学年：基础没问题的情况下专攻难题、作文等性价比较低的题，开始拔尖冲刺。

你有没有发现，这个遥不可及的"痴人说梦"目标现在好像变得触手可及：当你量化到每周的时候，其实应该做些什么你就会很清楚了。只有两种结果：①完成每周目标，就能进北大；②本周目标拖延，北大就拜拜！

当你有清晰的结果导向的时候，你就不再迷茫，感到迷茫的时候就去完成今日目标，化焦虑为行动。

六、利用碎片时间，和别人拉开差距

高二对我来说，要学的不仅是高二正在学的内容，高一落下的课程也要抽空自学补上，否则到高三总复习阶段开始考整套试卷的时候，就来不及了。

我每天的目标很明确：只允许自己在白天上课和课间还有中午休息的时间扎扎实实学高二的内容，晚上回家的6点到12点是"高一自学时间"。

这样的安排很考验心态：我只有别人一半的时间学习当下知识，但要考得比所有人都好。真正实践之后我却发现，这样的高压极大地提高了我的效率：我知道自己只能白天学习高二的课程，上课时就如饥似渴地听讲，因为有听不懂的地方没有时间拖到回家再研究。

我每天的时间都很紧凑，但我非常清楚地知道，每天有两件事是一定会发生的：①我的精力会随着一天的结束而减少；②随着一天结束，诱惑因素会增加。

所以我每天会把时间分成三部分：

第一部分是早上，这段时间刚起床，脑子比较清醒，自制力比较强，所以我会用这部分时间来背枯燥的文言文或者单词，或者强迫自己去掌握偏科

第二章
普通人逆袭进清华、北大，需要怎么做

的知识。

第二部分是课间，由于白天的时间几乎都在上课，所以课间和午休的每一分钟都是我完成课内作业的黄金时间。

第三部分是晚上，这段时间是我精力最差、自制力最弱的时候。因为我都学习一天了，很容易在晚上的时候想要放松一下。所以这个时候，我会做我比较擅长学科的试卷，来保持自己的充沛精力。

然后我会细化一年自学完高一每门课的内容目标，每天需要学多少课，每课需要刷多少题，基础题刷完再刷难题，直到这个单元的题都会做了，将这些分配到我每天的三个部分中……每天按时按量打卡完成。

高一、高二的考试是阶段性考试。除了英语，其他课和高一的积累几乎没什么关系，所以高二第一次月考我就进步了700名。之后随着英语的基础一点点补上来，我的成绩在高二下学期的最后一次

考试时达到了年级第 58 名。

高二结束时，我自学补完了高一所有的课程，并且高二的课程也学得非常扎实。高二升高三的暑假，我终于有完整的时间可以分配，我知道发力甩开别人的时候到了。

60 天的时间我没有一天休息，每天除去睡眠和吃饭有 14 小时都在刷题，也就是说，一天我就能刷完并总结完 7 套综合套卷，至少 6 门课每科 1 套。

还没上高三，我两个月做完的综合卷在书桌上就堆成了小山。

七、5W2H 法帮你快速拿高分

绝大多数同学面对突如其来的文综、理综考卷，或者语数英三年所有知识混在一起的模拟卷都蒙了，高二学完他们早忘记了高一都学了些什么。而我在长达两年的布局统筹下，高三第一次综合考试，

第二章
普通人逆袭进清华、北大，需要怎么做

冲到了年级第 12 名。

考得好的成绩给我带来了无穷的信心：年级倒数第 1 名用一年时间就能进年级前 15 名，那还有一年时间冲进北大又有什么不可能？

既然已经创造了一个奇迹，那我再创造一个吧！

高三这年新的计划：每门课都离满分更进一步。

数学：战略性放弃基础题，专攻最后几道拔高题，每天的题量只有半套试卷，一周只需要做一套完整的模拟卷保持对基础题的"题感"。

英语：提高阅读完型题难度，做 3 颗星以上的长难阅读，作文背精彩难句。

语文：滚瓜烂熟的古诗词和基础题偶尔做，花更多时间在作文的打磨和精修上，争取作文尽量少扣分。

文综：只做更多结合时政的原创题，学会灵活运用文综知识。

这一年我格外拼，虽然辛苦但乐在其中。我的

成绩在没有基础知识漏洞的情况下，也次次稳定进步。

这时的我尝到了加速回报的感觉，也切切实实地感受到：每天埋头苦学的"学霸"其实都是纸老虎。或许他们很多人看似在学习，但不会总结，没有目标，或者只是看似"努力"地自欺欺人罢了。

我在高二的时候为了非常快速并保证质量地完成学习任务，用到了一些高效的小技巧，最重要的就是将知识归纳总结的能力，也就是我的一份时间，相当于别人的三份时间的原因。

有关归纳总结的经验可以分享给大家：5W2H。

5W的内容：

① What——是什么？了解归纳的知识点内容是第一步，要知道知识点包括哪些内容，涉及哪些方面？

② Why——为什么？为什么要这么做？比如，数学老师让我们记住某个知识点，我会首先思考，

第二章
普通人逆袭进清华、北大，需要怎么做

为什么要记住这个知识点，是解题更方便，还是在考试中经常出现等。从而强化对掌握这一知识点的重要性认识。

③ Where——何处？这个知识点在什么题中出现过，出现过多少次？

④ When——何时？我碰到什么题型的时候可以用上这个知识点。

⑤ Who——谁？这个知识点有没有可以发散的内容，如果有，发散的内容是什么？

2H 的内容：

① How——怎么做？我该怎么应用这些知识点？

② How much——多少？做到什么程度？这个知识点是不是今年的必考内容，如果是就标注出来。

这个方法的好处在于，可以准确地、清晰地确定问题，提高学习效率，有效地掌控知识的本质，从原理上学知识，有助于提高自己的思维方式，培养自己全面思考问题的能力。

比如，地理老师和数学老师会经常发一张硬纸卡，上面有很多公式之类的，很多同学都会死记硬背。但我会看着上面的每一个知识点，用5W2H的方法，将它们变成自己的。可能刚开始很费时间，但这是件一劳永逸的事情，等理解之后才能融会贯通。因为考卷上的题，不是让你直接写公式上去，而是让你学会利用它。

绝大多数同学连高考是什么都不知道，虽然担忧、迷茫、焦虑，但从不布局规划，在温水煮青蛙中度过，到了高三发现什么都来不及了。

高一高二压缩学完三年的课程之后，一进高三就进入了总复习。高中看似三年，其实学新课的时间只有两年而已。到了高三你会发现，前两年琐碎的知识点串不起来，高一学过的内容忘了大半了。同学们发现自己之前每个小知识点留下的一点疑问，都变成解综合题的"拦路虎"。

所以没有提前规划怎么可能达到高分的目标？

高考是一场你需要用三年时间去落地执行的事情。

希望大家都能统筹规划，跟着自己定下的目标和计划一步一步走向你的"大胜利"。

八、利用假期，"弯道超车"

如果你即将升入高三，利用好两个月的暑假时间，这时候很多同学可能对高考还没概念，而这也是你甩开同学的最关键时候。因为一到开学，你们的作息基本相同，除非你天赋过人，否则很难拉开差距。

而这两个月，是你自己能够自由支配的最后一点时间，进入高三前，提前做好心理建设，打好高考这一仗。

要有自己的节奏，不管学校现在的进度怎么样，有没有开始复习，你都不能盲目地跟着大部队走。许多高中在高三时一轮复习是一节课一个单元，这样会导致很多基础知识有漏洞,你根本无法跟着老师的节奏真正做到地毯式复习第一遍。这时你会出现心态炸裂,做一套卷发现很多内容都想不起来也不会做的情况。

所以一定要抓紧时间自己提前进行一轮复习。

首先你应该清楚的是,自己在进入高三之前,各科应该达到什么样的水平?以下是你这个暑假一定要完成的规划目标,来对应自查一下:

1. 英语
① 3500个单词全部背诵完毕。

部分省份的英语比较难,所以你也可以背四级单词。

如果你还没背完单词,或者觉得背单词很痛苦,有个比较好的背单词的方法:

早上:早自习时拿一张白纸挡住中文意思,只看英文单词开始背诵,不认识的单词打钩。背完一

第二章
普通人逆袭进清华、北大，需要怎么做

个单元之后，立刻把打钩的单词再背一遍（依旧遮住中文意思），如果还是有某个单词不认识，就再打钩背诵。30分钟后：把打钩的单词重新自测一遍。

晚上：睡前把打了两次及以上钩的单词重新自测一遍。依此类推，反复记忆。

②语法改错，完形填空。

涉及的相关语法知识全部学习完毕，常考语法连接词等不出错。

记住这个公式：语法 = 词法 + 句法。

英语所有的句子都由不同词性的单词组成，只要你学会了用词和造句，也就掌握了语法。词法是基础，有了基础之后，就能掌握句法、搞清句子结构，你的语法也就没问题了。

③背诵至少10个主题的作文范文。

当你背完范文后，你心里就能知道得分点在哪里，并且这时候你会发现自己对语法的理解也在随之提升。

④英语阅读，常见考法、出题人意图、每个问法一般从哪里找答案，基本心里有数。

阅读的题型。很多阅读理解的题都很像，大家一定要熟悉每种题型的套路，近几年高频出现的题型。每个题型所对应的解题方法是什么。高频考点经常出现的地方，是从内容对话中出现的，还是让你联想、总结、替换句意。正确选项的特点：答案是如何进行同义替换，是名词、动词还是副词等。干扰选项的特点：错误选项是从哪个角度设计的，能否在原文中找到错误选项的出处。你会发现错误选项往往是拼凑的，或是原文中根本没有出现，或是歪曲原意，比如，胡乱比较等。原文中出现的这句话具有什么特点：是含有转折词 but、yet、however，还是比较句，或是结论句、因果句等。看一下每个题目都固定在哪一段落出题，并且是段落的哪个位置。

2. 语文

第二章

普通人逆袭进清华、北大，需要怎么做

大部分都是靠平时对背诵的积累和理解，每个专项都需要背诵，不能等遇见题目再去补。

①所有的必背课文必须会背，不能丢分。

②背诵所有常考文言文的实词、虚词、古今异义、词类活用。

③古代文化常识背诵。

④至少准备15个主题的作文素材，多去看往年的满分作文。

⑤背会阅读理解基本答题模板话术分类。

（科技、记叙、说明、议论）修辞手法、表达方式、写作手法等，形成自己回答阅读题的固定套路。

某句话的含义、作用、能否替换、段意概括、结构设置、论证方法、引用技巧、手法运用等。

⑥古诗文鉴赏背会10大主题相应答题模板。

（山水田园、送别抒怀、怀古咏史、思妇闺情、边塞征战、咏物言志、民生疾苦、哲理诗等。）

知道与之对应的代表作家及其作品、常考意象

特点、总结作者背景及抒发的情感。

3. 数学

①把刚学完的四本教科书作为重难点务必吃透。

确定自己对概念的准确理解和实质性理解；基本技能、基本方法的熟练和初步应用；公式、定理的正逆推导运用，抓好相互的联系、变形、巧用。

②一定提前开始一轮复习。

"必修一"涉及很多重难点，学完时间较长，一轮复习容易跟不上节奏。

第一轮目的是打基础，只要你基础知识点都理解得差不多就够了，一轮复习的关键在于掌握基础，这个阶段你不可能提高很多分数，但基础打好之后，二轮就会轻松很多，甚至与别人拉开差距。

③完整梳理一遍高中全部数学公式、知识点。

常考题型有几种解法，以及分别适用什么情况（做思维导图）。

解题手段的基本方法有：代数变换、几何变换、逻辑推理三类。代数变换有：配方法、换元法、待定系数法、公式法、比值法等。

④回顾前两年的错题本。

全部找出来，在一轮复习的时候复习；没有做错题本习惯的同学可以找出以前的练习册整理。

比如，函数、解析几何、导数，在考试和练习的时候做错了或者出现一个好的解题方法、答题模板，都可以记下来，不一定只记错题。直接剪了试卷或者练习册贴上面就是了，可以节约点时间，不用太精美但是一定要整齐，同类型的放一起。

4. 政治

①把四本教科书中所有主观题的知识点单独整理出来。

每单元做一个思维导图，并填充所有需要用于主观题回答的知识点。

建议每本书整理不超过两页，中心句可以抄重点、采分点即可,过多过细的知识点不利于前期一轮复习大量背诵。

简单来说就是整理。比如,人教版的课本每段第一句话,即要背的中心句。看似工程量很大,但我当时用了五个晚上就把四本书整理完毕。

可以整理出来大概六个框架,其中五个都是几个主体的知识点框架,分别是政府、党、民主党派、人大、国际社会。第六个框架是对主体框架的补充,即对各个政治主体的作用、意义之类的记述。

②整理以前练习的错题。

确定题型(政治措施型、政治A措施对B型、政治原因型、政治意义型、政治是什么型、政治体现型)。

确定答题框架和答案结构(答题框架就是整个答案大概可以分哪几个层次,答案结构就是具体到每一个答案的组成结构)。

选择题:分析做错的原因。如果理解上有问题,

第二章
普通人逆袭进清华、北大，需要怎么做

就去重新看这一知识点对应的教辅资料，看完后再针对性做相关题目，加深理解。

选择题答题方法：要注意抓关键词，看它表达的是什么，先用排除法把最不可能的去掉，最后一般会剩下两个难选的答案，这个时候就要回归材料了，一定要注意材料体现的是什么。

主观题：分类归纳后，找到自己每次都想不到的那些知识点，并分析背后原因。背诵不熟练？理解有问题？做题太少？找不到题眼？把这些知识点在你做的思维导图中重点标出，强化记忆。

主观题答题方法：最重要的关键点。就是找到中心句，剩下的你再结合材料和知识点答一点就可以了，而且要看一下分值，一段差不多值两分，根据分值答多少点多少段。还有一点很重要的，就是一定要答满。

5. 历史

①首先，自己横向整理四本教科书。

每本书分别做一个时间轴，填充清楚每个时间点、每个朝代发生了什么，重大人物、事件，其实就是思维导图，按照时间顺序排列整理。

历史时间线（古代、近代、现代）和国内外发展之间的联系，然后再纵向联系看发展（时间先后），横向联系看比较（国内外/空间）。

②其次，自行梳理整理历史常考大专题。

中国古代政治制度演变、中央集权发展、商业和经济政策演进、近代革命史、世界资本主义的形成与发展、战后格局与经济全球化等，务必自己看课本梳理一遍，一轮复习时可以不断补充新的知识点进去。

掌握历史的题型分布。主要分为选择题与材料分析题，选择题的正确率非常重要！只有选择题的正确率高了，才有拿高分的希望，大题的答题模板、答题思路以及如何踩分非常重要。

第二章
普通人逆袭进清华、北大,需要怎么做

选择题:没有技巧,就是知识点的掌握程度以及一点小运气。做题时看清楚题目问什么,考点是什么,有没有陷阱,一定要清楚,不确定的题做记号,方便之后检查时再思考。

材料分析题答题技巧:变化(或发展趋势)、原因(或背景)、特点(或结果)、作用(或影响)、启示(或认识)等。说明了什么?反映了什么问题?材料中可以得出哪些信息或结论?材料间有何联系?比较二者之间有何区别(或异同点、优缺点等)。

如背景、原因题,主要从国内外当时的历史背景、政治、经济、文化等方面入手,分析根本原因、直接原因等。

·经济=生产力+生产关系+经济结构+经济格局+……

·政治=政局+制度+体制+政策+阶级+民族+外交+军事+……

·文化=思想、宗教+科技+教育+……

③最后,纵向整理四本教科书。

每个时期的政治、经济、文化表现如何,以及三者之间的联系与影响。

做题时要运用自己所学的知识思考答案,不要一不会就翻书,要等你实在想不通时再翻书,这个时候很容易就记住了。

历史的学习是以记忆为基础的,所以不断地回顾以前所学知识,对新的历史知识进行思考是很有必要的,这样不仅能增强记忆,还能锻炼解决问题的能力。

不要去网上找别人整理好的时间轴、思维导图或专题,别人整理的看很多遍都无法内化成自己的思路。一定要自己整理。

6.地理

①洋流图、中国/世界地图、中国省份图、国家大致区划都能清晰记忆。

第二章
普通人逆袭进清华、北大，需要怎么做

日常的时候可以玩拼图游戏，拼地图，随便买个世界地图和中国地图的拼图，学习累了，就拿出来拼一拼当作放松，玩着玩着你们就会发现，自己居然记住了。

看地图的时候，问自己几个问题：这个地方具体在哪里？它的自然条件如何？人文环境如何？区域发展如何？旅游资源与环境保护如何？

②学会"徒手画世界地图"。

不需要形状详细，但随时给自己一个经纬度自测，可以知道在哪个大洲，哪个国家，哪个省份；此地是否临海？地形地势如何？有无洋流？气候如何？怎么形成？工业、农业、旅游等人文情况如何？地质灾害情况如何？

③熟读地理书。

教科书必修，大概只有自然地理理解起来稍有困难，就这本书为例子，手把手带大家建框架打基础。

A. 先建一个从外到内的框架把整本书串起来，太空→大气圈→生物圈→水圈→岩石圈→地壳→地幔→地核，然后去书上找对应的内容塞到大框架中。

B. 把单元内容中提到的原理部分用自己的话表述出来，如果你能用自己的话给别人讲明白这一原理是怎么一回事，你就算彻底理解清楚了。

④整理错题。

选择题答题技巧：分析选项，把明显的基础知识，和明显不存在因果关系的错误选项排除。这时候基础题可能排除2~3个。返回材料，仔细观察材料和图中的所有隐含信息。答案只会藏在两个地方：一、基础知识可解决的，藏在你的脑子里；二、较难的题可能藏在材料里，或者在图中的某处设置答案。

主观题答题技巧：多背背答题模板，主观题最重要的是审题，很多题答案就在材料里，直接翻译材料，用积累过的地理术语去答就没有问题。（自然地理就从自然角度去想，人文从人文角度去想，千万不要答偏。）

建议你准备一个积累本，专门去记做过的题目，一般抄设问就可，先写出答题思路，然后下面跟上标准答案。

7. 物理

①区分主干内容和非主干内容。主干内容就是力学以及电磁学。这部分占到高考总分值的80%以上，知识点环环相扣，联系比较紧密，是一轮的重中之重，需要五六个月的时间去做长期的训练。

基础就是掌握各种知识点的定义以及公式，比如，牛顿定律、万有引力、磁场、摩擦力等。

详细一些就是：参考系、加速度、平均速度的定义，什么是自由落体，怎么理解自由落体的加速度在赤道附近小、两极最大、高处比低处小，怎么理解曲线运动必定有加速度、加速度方向是怎样的，开普勒第三定律是什么，万有引力定律的 m_1、m_2

分别是谁的质量，为什么同步卫星只能运行在赤道上空，牛顿三大运动定律，怎么理解滑动摩擦力方向与相对运动方向相反、静摩擦力方向与相对运动趋势方向相反，怎么看待静摩擦力与滑动摩擦力的大小以及转换关系，动量守恒定律，能量守恒定律。

非主干内容是实验、原子物理、热学、光学等。

这部分知识点分散，彼此独立，跟力、电磁学得好不好关系不大，可以进行短期突破。一定把一轮复习重心放在力、运动、能量这个核心主干上，成绩容易得到提升。

② 答题技巧。

物理试卷一般分为：选择题8道——48分，实验题2道——15分，大题2道——32分，选做题2道——15分。

看到题目时，先想题目中有什么信息？从这些信息中我能推出什么？这个题想考什么？思路是什么？涉及哪些概念？用哪个公式和定理？

第二章
普通人逆袭进清华、北大，需要怎么做

这里主要说大题的答题技巧：先把所有的式子、公式、字母式子列出来，直到列到最后你不会的那一步，然后再开始代数计算！或者进行公式的二级推理。

8. 化学

①看课本整理知识点。

化学是"概念+原理+应用"的一种学习方式，重要的是对化学原理的理解，以及运用相关化学反应原理进行实验设计、实际应用的能力。

离子方程有四大类：复分解、氧化还原、水解反应、络合反应；搞定原电池、电解池；电解质溶液，电离水解难溶电解质，主要判断是电离反应还是水解反应，主要判断Ka（电离平衡常数）和Kh（水解平衡常数）。

以氧化还原反应为核心的考点几乎可以覆盖高中化学所有知识点，所以这个需要重点去练习，去推反应式，推不出来就背下基础和核心的反应式。

记住氧化还原反应的几个守恒（质量守恒、摩尔守恒、电荷守恒等），再记住常见化合价，基本上这一块的分数你就拿到了。

②建立完整的知识体系。

每本书都做一个思维导图并根据知识点填充完整。

③回顾错题。

整理错题并分类，化学不用题海战术，而是理解并熟知各个实验、反应。

理论型简答题一般是演绎法的三段式答题模式（前提、推理、结论）：问题所涉及大前提（相关的理论或规律）的表述，一般很熟悉的理论或规律可以只写名称，也可以用化学方程式等化学用语表示，并不需要把其详细内容写出；问题的推理过程（具体条件下的变化等）的表述；问题所涉及的变化的结果。

9. 生物

① 课本反复看。

第二章

普通人逆袭进清华、北大，需要怎么做

第一，背书，科学背书是生物学科必需的步骤。

第二，不仅要背书，还要打造自己的知识体系，即使考到的点又多又杂，也能快速、准确地在不同书里提取知识点。

它考的内容最多的无非就是光合作用、呼吸作用、遗传、基因突变、基因重组，多看课本，完全能运用自如。

②依旧是自己做好思维导图。

写个生物大纲，在笔记本上整理出自己的思维导图，并且可以在每一章后面加上错题和考点。

我回忆了一下，在我高二升高三那个暑假时我也就是刚能上211院校的水平。我用高三一年时间冲到了北大。每个人的情况是不一样的，尤其是基础差的同学，不要指望老师带你慢慢一轮复习，如果你的学习节奏没有赶到学校前面，那你很可能跟不上学校的节奏了，一步慢，步步慢，所以要超前学习。

只要你不认输,就没有人能拦住你逆袭的道路。

考试高手 Tips:

放狠话的人有很多,希望你能成为少数坚持下去的那一个。朝着对的方向努力,将焦虑化成动力。

1. 确定目标,坚定地向目标前进。

2. 拆解目标,在坚持不下去的时候,学会用MECE的方法拆解目标,将远大的目标拆解成一个个触手可及的目标。

3. 时间法则,高效利用时间,让你的一天大于别人的一周。记住你的一天的精力会越来越少,诱惑也会逐步增加,所以在一天开始的时候,去尝试困难复杂的科目,在一天结束时尝试简单有成就感的科目。

4. "学霸"成功的重要原因:擅于总结归纳。在碰到知识点时,利用5W2H分析法,牢记知识点。

第三章

会考试的人都特别会"偷懒"

大多数人都很努力，为啥只有一小部分人能考上清华、北大？因为他们掌握了对的学习方法，他们的1小时大于别人的7小时，认真读完这篇"学霸"秘籍，你一定能够逆风翻盘。

被访人简介：糖糖，北大某专业第1名。

第三章
会考试的人都特别会"偷懒"

一、把小目标定在你的拉伸区

先从简单的事情入手,养成习惯。这里的"简单"指的是适合你的拉伸区,一定不要超出你的能力太多,但也不能低于你的能力,踮脚就可以达到的区域最恰当。

有一个SMART法则我觉得很好用,是乔治·杜兰提出的设定管理目标的五个原则:

S(Specific)——具体的、明确的

M(Measurable)——可以衡量的

A(Attainable)——现实可以达到的

R(Relevant)——有相关性的

T(Time-bound)——有时限的

说得详细些就是,确定目标时,要可量化可追踪,有时间限制,并且符合你的自身条件。

我们不一定要每天学十几小时,也不要一上来就让自己练高难度的题目。比如,对我来讲学数学

很难，那么我初期一定会选择适合自己难度的习题，哪怕降低难度也是可以的。只有这样，你才会在一次次增加难度后提升自己。

另外，任务一定不要定得太重。我一般给自己定的学习任务都相对简单，这样我每天都能超额完成学习任务，每天都会感到快乐。当你觉得做一件事情很快乐的时候，肯定会忍不住一直去做这件事情。

比如，你做数学练习册。你给自己规定好早上要做20页，但是你可能做到中午都做不完这20页，就会非常失落甚至否定自己。相反，如果你早上先尝试做5页，结果这5页都能做对，或者只错两三道题，那么你已经很厉害了。如果做了这5页，不仅全对，甚至发现还富余了很长时间，那么再把这5页复习一遍，然后再做5页，想象一下，这样一来你会不会更快乐？

再比如，背英语单词。你每天给自己规定背200个，说实话这个任务量真的很大。相反，如果

第三章
会考试的人都特别会"偷懒"

你每天给自己规定背 30 个,背完后可能还会觉得不够,还想再给自己加一点量,这样你的成就感会不会更强?

艾利特·菲什巴赫(Ayelet Fishbach)在《内生动力》这本书里提到"目标梯度效应"。什么是"目标梯度效应"?就是取得的进展越多,你就越渴望继续。

但这些方法的前提是,你要不断提高你的基准线。比如,一开始只背三四个单词,背多了以后你会发现可以增加一点量了。或者你一开始背三四个单词要花 10 分钟,慢慢地变成 8 分钟、5 分钟……也就是说,要在长久的过程中给自己提高基准。

二、会学习也要会休息

我在学习的时候,手机一般都会打开飞行模式。如果你在这个位子上经常不自觉地玩手机,我建议你换个位子坐,因为在这里,你已经形成了肌肉记忆,这个肌肉记忆会让你养成一坐在这里就玩手机的坏习惯。正如著名实验"巴甫洛夫的狗"一样,人很容易在同样的时间、同样的环境条件下做同样的事。

所以当我看到学习桌,我就应该知道要把手机扔一边去,要列计划然后学习,这一系列动作不需要过脑子,也不需要刻意强调,它应该是一种肌肉反应。

我习惯在坐下来的那一刻就开始写计划,写了计划之后就立刻去完成。我从来都不会想我接下来几个月要做什么,我只会想当天都要做什么,也就是只列出并完成眼前的计划,其他一切我都不会管。我经常告诉自己,只要把今天的事情做好了,明天的事情我也一定能做好。

在完成计划以后,我会瞬间给自己一个小奖励。比如,看小说,我甚至会开启勿扰模式去看,把自

第三章
会考试的人都特别会"偷懒"

己全身心地沉浸在里面。其实看小说对我而言是有益处的:第一,它能锻炼我的长阅读能力以及深入理解的能力;第二,它会锻炼我的专注力,因为我一看小说,一两小时就过去了。

后来我发现自己在学习的时候,列计划,专心完成计划,好好休息,很像"番茄工作法",即工作25分钟,休息5分钟,坚持4个番茄钟,当然这个时间你可以自己调整。比如,我是工作50分钟,休息10分钟。休息的时候就好好休息,让大脑好好放松。4个番茄钟下来,你就会感觉没那么累,脑子也没那么麻木。

其实番茄工作法的精髓在于:

①每次只做一件事,更加专注。

②按照事情的轻重缓急程度分解目标任务,高效完成。

③做完一件事就划掉一件事,增加成就感。

④通过整理杂乱无章的工作,克服自身的拖

延症。

⑤持续性改善时间管理能力,养成优秀的时间高效使用和管理习惯。

三、在做题爽点切换科目,而不是学到吐

我会自己切换学习科目,比如,物理学累了,再学就学不动了,我就切换别的科目。这时候你会发现,上述事情才刚刚开始。

后来我看到网上一篇文章,上述现代研究证明,人脑处理各种学科的脑区是不同的。学习一门功课感到疲惫了,只是一个脑区疲惫了而已。换一下其他的科目,使用其他的脑区,也能给大脑新鲜感。

举个例子,做了2小时数学题,再学就学不动了,那么后面再做数学题会变得很低效。这时,去做个英语翻译题,慢慢进入学习英语的状态,因为英语

第三章
会考试的人都特别会"偷懒"

的短文都是很有意思的,会有很多哲理故事,这样你在学习过程中,会发现自己又明白了一个道理,就会觉得开心。

而且,一定要在你做这个科目最爽的时候停下来,切换到别的科目。

当你的心流进入最深层的时候,也就是达到爽点的时候,一般已经过去一两小时了。这个时候再不切换,你的心流状态会急速下降,你就会感觉到很累很疲乏。我一般在最爽的时候,刚好差不多也能完成一个小任务的时候,就会切换任务。保留在我的记忆里的,一定是做那件事情最爽的时刻,这样我就会忍不住再去做这件事情。

就像峰终定律提到的那样,我一定不会把一门学科学到精疲力竭,甚至学到想吐的时候才停止,那样的状态其实是在耗尽我对它的喜欢值。

四、将 80% 的努力放在总结和反思上

我一直觉得考试考的是输出，而很多人的努力都只停留在输入端。

大家都知道二八定律，我也会将它用在考试上，将 80% 的时间拿来总结反思，20% 的时间拿来记笔记，而不是本末倒置。很多人太贪心了，什么都想装进脑子里，每天会花很多时间来记笔记，觉得好记性不如烂笔头，用很多颜色的笔，把随堂笔记写得特别工整漂亮。把错题抄在错题本里，一字一句抄得特别认真，甚至一个标点符号都不放过。但是考试的时候，原先错过的同类型的题，还是会再错一次。

我是很少做笔记的，我更习惯于让整个思考过程都融入脑子里面，一定要在脑子里面想清楚了，才会下笔。而很多人的勤奋都只体现在记笔记上面，长此以往思维容易僵化，便更不愿意去思考。但最

后的考试考的是你的思考过程,而不是错题本上那些工整的笔记。

我一般会把大量时间花在总结和反思上。比如,做题1小时,然后花两三小时做总结反思,去思考出题人的意图。甚至去网上找对应题型如何举一反三。

在订正错题之后,我会去思考它同类型的题型还可以怎么变,也就是举一反三,并且在脑子里想清楚之后,再写出比较简短的文字来提醒自己。因为在考场上,考得更多的是变换过后的题。

自己用脑思考是非常耗费精力的,但恰恰这种思考和输出也是最有效果的,再刷试卷的时候,一定会更加得心应手一些。

所以,不如把80%的努力都用在输出上面。

五、3遍复习法,把习题册用到极致

你是不是也遇到过这种情况,这道题好像碰到过,但就是想不起来了。其实大部分的习题都是万变不离其宗,当再次遇到相同题型时却想不起来,说明你的知识点有盲区或者不够巩固。

我有一个小技巧:不论是对题还是错题,都做3次。很多人会觉得自己时间有限,想多刷些题。但相比做题的数量,做题的质量会更加重要,确保自己将每一个知识点吃透。

打个比方,一天做3套数学卷子,结果做完题之后,将答案对完就扔了,那么下次再遇到之前做过的相同的题目也不见得会有印象。如果我一天做一套数学卷子,做完后认真分析题目,找出错题原因及不熟悉的知识,将这些错题做3遍,下次再遇见这个题型时就会亲切很多。

说得再详细一点,第一次扫清知识盲区,在刷题前,我会先看一遍课本,这样我心里有大概的知识点时,在刷题中才能跟题目对上号。有些地方看不懂也没关系,可以通过做题进一步去思考和理解

第三章
会考试的人都特别会"偷懒"

知识点。在第一次做完题目后,也能更加细致地将知识点进行梳理。

第二次是巩固知识点。这时候我会将同类题型,一起延伸做一下,这样能够帮我在短时间内快速深入理解某一个知识点,并且能够从同类题型的不同角度来分析,从而达到举一反三的效果。

第三次是串联知识点。这时候可以选择交叉刷题,也就是把所有考点的题目混着做。这样能够考验我对知识点的掌握程度,以及对不同题型的把控能力。因为考试的时候,也是不同知识点混合出现的,所以也能更好地锻炼我快速调取不同知识点的能力。

注意,如果这道题之前做对的话,也要再做两次,会加深对这类题型的熟练度,对某个题型越熟悉,手速越快,在考场上留给其他难题的时间也就越多。要知道,你在做第一遍时之所以能做对,是因为你有充足的时间和精力来思考这道题,但是到了考场上，如果你的脑子短路了，就有很大可能做不出来这道题，所以平时一定要训练你对熟悉题型的肌肉记忆，一在考场上看到这类题型，压根不用怎么想，就可以直接开始解答。

考试时候的题目因为试卷篇幅有限，需要考的知识点又很多，所以综合性一般都很强，一道题可能涉及很多考点。同时又为了保证题新颖，避免重复，所以一般会进行包装。当我们将所有题都做至少3遍以后，巩固了知识点，就能随机应变各种题型，才能透过现象看本质。

不管什么题目，穿着什么样的外衣，掌握了这个方法，我们都可以熟练地揭开它的面纱，去解决它最本质的考点。

六、适当放弃——你不需要满分

一般试卷的难度都是循序渐进，由简到难。

第三章
会考试的人都特别会"偷懒"

70%以上的题目都只是在检验基础知识点，30%左右的题目的难度会中等偏高。我们要做的是，争取百分百拿下这70%的题目，把基础打牢。这70%的题目一定是你平时做题中练过的。通过刻意练习，你一定可以掌握这70%的分。

剩下那30%的难题甚至超纲题，绝大多数人是做不出来的。所以在考试时要有所认知，对于那些难题，会做当然要多得分，但是不会做也没关系，它并不影响你去拿那70%的分数。

每个人都不是奔着满分去的，所以一定不要给自己太大的压力，考试的时候不会就不会了，一定要学会适当放弃。将心态控制好，把控好考试的时间，平常也可以在刷试卷的时候记录时间。

当感觉考试时间不够用时，首先你要知道，是自己对知识点掌握得不够熟练，还是答题方法存在问题，导致自己时间不够用。这些方面是可以靠自己学习、练习解决的问题。知识点掌握不够熟练，就按照前面提到的刷题方法来巩固。

如果答题方法存在问题，就要科学理性地分析试题，分数配比、难易程度，还有自己的得分情况，给自己制定一个可行的高度，每一块拿多少分，想办法达到我们想要的分数。比如，我需要花 30 分钟完成数学试卷的选择题，超过 30 分钟，不管有没有答完都跳过这一块，深呼吸调整好心态去做填空题或者应用题。

我们需要弄清楚，考试是看正确率，不是看完成率，所以尽量做到答的题全对，不会的题就不要花过多的时间纠结停留，即使是高考状元也不一定都考满分。

七、如何在考前给自己积极的心理暗示？

很多人都特别害怕考试，甚至会焦虑。我不太把考试当回事儿，因为我觉得所有的大考小考都是

第三章
会考试的人都特别会"偷懒"

一模一样的,只有三个步骤,学习、复习、冲刺。要相信考场上的那些题,你绝大部分以前都做过,你只需要把你平时学过的东西在考试的时候写出来就好。所以我从根本上就不害怕考试。

大家可以先根据下面这些症状自测一下。

你是否在考前出现过如下情况:

①感觉时间来不及了,总觉得自己学不完了,什么都记不住。

②平时学得也挺认真的,一到考试就大脑一片空白。

③总是想象如果考不好的后果,然后更加害怕考不好。

④有点偏科,复习起来六神无主,不知道该攻缺陷科还是守擅长科。

⑤比自己优秀的人实在太多了,感觉自己怎么努力都没用了。

⑥无法集中注意力,满脑子都是乱七八糟的

东西。

⑦一到晚上就失眠,第二天学习完全没精神。

⑧有的人会紧张到出现生理不适,比如,肚子疼、呕吐、心跳加速、头晕等。

如果你出现其中两条以上的症状,说明你已经陷入考前焦虑,需要立即调整状态。

我总结了一下,可能我不怎么有考前焦虑的原因是,我在日常总是会给自己积极的心理暗示。比如,你今天做题又少错了一个,那么你上考场的时候,岂不是又能多对一道题?比如,你今天吃饭的时候,食堂师傅给你多加了个菜,是不是今天的你非常幸运?总之,不要忽略这些生活中的小美好,要不断给自己积极的暗示。当然,你也可以把这些幸运的瞬间记录下来,并相信自己考试的时候也会一样幸运。

另外我还有个自己解压的小方法可以分享给大家。你可以去校园里找一棵树,把它当作你的"幸运树"，每天晚自习之前去注视一下，和它聊聊天。这样等到考试时，如果你紧张到没法下笔或者没有思路时，你就想想这棵树：我这么久的努力，都有这棵树的见证，所以我一定可以，只需正常发挥就好。

我在每次大的考试前，会进行一次考试场景还原，找个安静的地方，严格按照考场要求做一遍试卷。有时候我还会比较"戏精"，给自己模拟一些突发环境，比如，想上厕所、想喝水、笔没墨了之类的。

久而久之我发现，原来考试也不过如此，所以我就没太把考试当回事。

八、与自己比较，而不是与别人比较

我一直在考试这方面有着狂妄的自信，觉得我就是最牛的。

因为我经过了理性分析和感性分析。在理性方面，我所在的学校很好，老师水平很高，所以具备考上好学校的优势，再加上我每天很认真地复习，如果我考不上，那根本没有人能考上。

另外，从感性方面，我每天都会屏蔽掉所有能看到考试相关内容的社交媒体。比如，一些喜欢散播焦虑的学习博主发布的内容，我从来都不去看，你根本不需要知道那么多的信息，也不需要知道别人学得怎么样。

因为考试是有大纲的，它已经规定好了要考什么知识，你就直接照着这些去准备就好，而且真题也在那里，真题就是唯一的范本，你根本不需要参照别人的意见。

与别人比较会占据你很多精力，仔细想一想，有哪些人、事物、场景容易引起你的比较情绪？然后尽量屏蔽掉那些容易引起你焦虑、不愉快感受的东西。

第三章

会考试的人都特别会"偷懒"

我都是与自己比较,而不是跟他人比较。我非常喜欢一句话:每个人都在进行一场你所不知道的战斗。所以我每天除了学习,就是看小说,这样我一天的心情都是快乐的。

就像微信步数一样,当有了排行榜之后,很多人都想超过别人,但如果关闭榜单功能,我就会享受走路本身。不去比较,人可以更专注在自己身上,做好自己的事,过好自己的生活。

真正的进步是,今天比昨天进步了一点。

可以想象吗?我每天大概能抽出5小时看小说,不是连续看5小时,是见缝插针地看,比如,午休睡醒时、晚饭时,或是晚自习之后回宿舍时。

当然我不是鼓励学生们看小说。我想说的是,你可以找一个喜欢的娱乐方式,当作给自己的小奖励。一想到学习完,我就可以离开自习室,看自己喜欢的小说,感受他们的奇幻人生,我就会特别兴奋,就会更加努力地去学习!而且我觉得这种娱乐方式还有一个好处，它帮我隔绝了外界，让我不去和他人作比较，这能避免产生很多焦虑的情绪。

罗斯福说："Comparison is the thief of joy."（比较是幸福的小偷。）

九、想象自己就在未来的身份里

我有个好朋友，在我备考的时候，她对我的称呼是"北大研究生"，我对她的称呼是"人大研究生"。我们平时在遇到困难挫折的时候，就会用这些身份来鼓励自己。想到自己未来是北大的学生，想想北大的人会怎么解决这些问题，这样一来，就不至于太沮丧。

我们已经非常笃信自己最后能成为这些名校的学生，所以我们就把自己置身在那个身份里面，所有的思维习惯、行为方式都不断地朝那个方向去改进。

你可以找个时间去自己的目标院校看看。比如，

第三章
会考试的人都特别会"偷懒"

如果你的目标是北大,你可以提前让自己融入北大的环境里,进入身份,进入状态,把自己当作那里的一分子。也可以通过身边的朋友,去认识北大的学生,和他们聊天。你会发现,考进北大原来没有你想的那么难,他们跟其他人也没什么区别。聊得多了以后,你就会越来越自信。

拿我自己打比方,我会每天非常具象地去想我考上北大后的细节。比如,我会去网上搜索北大的教室,北大的活动,我会留言说以后我也会在这里。还有我以后会在傍晚时分去跑步,连我当天穿什么颜色的衣服都想好了,就不断地在脑海里面放映这些画面来吸引自己、鼓励自己。

你甚至可以收集与北大相关的表情包,甚至加一些群,听听大家都在聊的北大是什么样的,也就是让你生活的氛围里面充满着北大气息。这样你就会不停地给自己暗示,一定要考北大,而且今年一定能考上。

十、太用力的人走不远

我发现一种很普遍的现象：在做一件事情的时候会变得拖延，无法有效行动。给自己设定的目标总是完不成，想着我一天要背100个单词，我1个月要减10斤，我要拿到心仪的录取通知书，我们有很多梦想，却常常止步在"梦"和"想"。

耶基斯-多德森定律就是指：①动机强度和工作效率之间的关系，不是线性关系，而是呈倒U形曲线的；②不同的任务难度中影响工作效率的动机水平也有所不同。

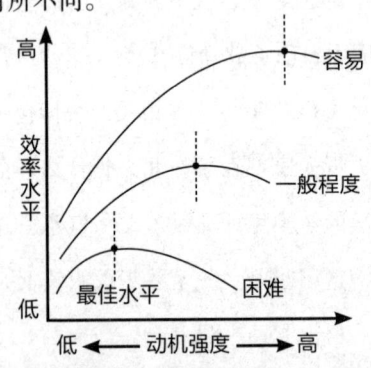

图3-1 动机强度、课题类型与工作效率的关系

第三章

会考试的人都特别会"偷懒"

先解释第一点：在中等难度的任务中，动机水平维持中等程度是最佳的。

过高的动机水平引起焦虑等不良情绪，从而影响解决问题的能力；而过低的动机水平又不足以唤起个体。因此，实验证明，中等水平的动机，最有利于中等程度任务的完成。

不知道你身边有没有这样的同学？他们会突然在某一天特别勤奋，像给自己打了鸡血一样：起得特别早，买一大堆好看的笔和本子，列计划，喊口号，发誓自己每天不学到13小时不睡觉！殊不知，前期太用力，后期一定跑不远。

考试一般都是长跑比赛，你只有前期慢慢蓄力，才能在最后冲刺的时候名列前茅。如果前期跑得太猛，最后可能连终点线都走不到。

因为这些人在一开始，就进入了自己的困难区，并且认为学习是一件需要意志力的事情，一定是痛苦的，但一定要坚持到底。所以这对他们来讲是个误区，他们不停地暗示自己：每天学13小时很痛苦，不行，学习就应该是这么痛苦，我必须能吃苦！但往往最快放弃的，也是这些人。

我一直坚信一条底层逻辑：任何问题一定可以被解决。不论在考试中，还是在平时。每当我感到焦虑时，我都会在睡前躺在床上之后，对当天进行完整的复盘。针对我的各种情绪进行拆分。比如，背不完知识点很焦虑，我就想：我是真的背不完了吗？当然不。我可以这周分配多少，下周分配多少，每天分配多少。然后在第二天开始行动之后，这些焦虑的情绪就不复存在了。

然而很多人在遇到困难，产生负面情绪之后，会克制自己把它们压下去，因为觉得自己无法解决掉这些问题而选择逃避。但其实这些问题一点都不难。如果你不能解决，你也一定可以找到学长、学姐或者你的好朋友帮你一起解决。

考试对我们所有人来说都是一个升级打怪的过

第三章
会考试的人都特别会"偷懒"

程,我们一定会遇到问题和困难,也一定都能解决掉。而且我们整个过程中一定会变得越来越强,要相信自己做得到。

考试高手 Tips

这些年我一直提醒自己一件事情,千万不要自己感动自己。大部分人努力的方向都是错误的。比如,熬夜看书到天亮,连续几天只睡几小时,多久没放假了,如果这些东西也值得夸耀,那么富士康流水线上任何一个工人都比你努力多了。人难免天生有自怜的情绪,唯有时刻保持清醒,找到好的学习方法,才能事半功倍。

1. 将时间花在更重要的事情上,也就是分析总结题目,多问自己这道题是为什么,同类型的题还会怎么变,而不是常问自己这道题该怎么做。

2. 做题的质量要大于做题的数量,将所有题目都做 3 遍，确保每一个知识点都吃透，才能在考试中随机应变各种题型。

3. 切勿盲目学习，在学累的时候，不要耗尽对这门学科的爽感，换换脑子切换另一门学科。

4. 分配好考试时间，掌握科学答题方式，通过日常刷题，牢牢抓住基础题，保证答题正确率，再去攻克中高难度的题目。

5. 积极的心理暗示，观察日常小确幸，摆脱考前焦虑。

6. 利用 SMART 法则确定合适的目标。

7. 将自己代入未来的身份，不断给自己已经考上了的心理暗示。

8. 利用学习 25 分钟，休息 5 分钟的番茄工作法，更能事半功倍。

9. 拒绝比较，保持自信。

10. 考试是一个累加和长跑的比赛，而不是一个短期的冲刺。

第四章

从不及格到省前10名

从来不是让你把一场考试当成人生成败的赌注,而是想让你在足够年轻的时候体会一次全力以赴。你也不想以后听到的都是别人的好消息吧!

被访者简介

大碗,某省高考理科前10名。

第四章

从不及格到省前 10 名

一、没有人是"天赋型学霸"

我高中第一次物理月考差点不及格，谁能想到考出这样成绩的人最后会成为全省理科前 10 名呢？所以别急着否定自己，人的潜力是无限的。

大概是因为初中和高中物理课程的差别很大，我不太适应。我还哭着去找物理老师帮我分析卷子。因为我当时中考物理接近满分，结果高中第一次月考直接差点不及格，我很不能接受。后来我想通了，我告诉自己如果你不相信自己行，你就永远不行。可能有一点自负，明明知道自己现在很菜，但我就是相信我能搞定，我就是一个重点大学的料。有这样的信心，很多事情就能做得出来。

有这么一句话：你的心有多大，你的舞台就有多大。其实很多时候，都是我们对自己的束缚限制了我们的潜力。

这里要为大家介绍一本书和一个人：《无限可

能：快速唤醒你的学习脑》，作者吉姆·奎克。因为他就是通过自己的人生经历，证明了"人的大脑潜能无限"。他幼年时，曾经因为严重的头部撞击患上学习障碍，以至于无法读懂书中的内容。现在，他已经是美国著名的记忆训练专家，是硅谷"钢铁侠"马斯克、"漫威之父"斯坦李、"脱口秀女王"奥普拉的大脑教练。

他在书中提到一个我很感兴趣的点，希望变聪明，那就不要总觉得自己很笨，要想激发大脑的潜能，一个很重要的建议是：排除你心中的负向自动思维。

负向自动思维指的是那种遇到事情之后，下意识产生的对自己的负面评价和限制。比如，这次考试没考好，第一反应就是自己比较笨。吉姆建议：我们可以思考自己平时会有哪些"负向自动思维"，我们又该用什么样的思维方式去取代它。

所以，下一次，当你内心中冒出这种"负向自

第四章
从不及格到省前 10 名

动思维"的时候,你就可以尽快地打断自己,并鼓励自己。

为什么我们总说"万事开头难"?因为有的人在一开始得了一个很好的分数,就会希望好成绩一直延续下去,愿意为这样的延续去付出更多的努力。但有的人一旦一开始不成功,就会破罐子破摔,干脆什么也不做了,反正别人都认为我是个成绩很烂的人,什么都不会。

而我一开始就没有这种负向思维,并且维持了一个很正面的形象,那就是学习好的人设。我会不断地给自己心理暗示:我应该是这样一个人,如果我没有达到,我应该为此付出更多的努力。

我在小学阶段转过好几所学校,每到一所新的学校,成绩就会往下掉一些。但我始终记得我自己的人设,我希望做得很好。所以我会让自己一直处于努力的状态,让自己进步,去超越班上的尖子生。

二、谁不喜欢被夸奖呢？

除了我自己会丢掉负向思维，家里人也会经常夸我。我在高中及以前算是讨好型人格。我特别想让我爸妈因为我而感到自豪，喜欢别人夸我，而我妈妈恰恰是那种喜欢夸奖教育的人，一点小事情她就会夸我很棒。我很喜欢听这种夸奖。

我是一个外驱力大于内驱力的人，我喜欢得到及时的反馈。比如，每次考完试，我就想知道分数，如果考得比较好，我就会得到非常及时的正面反馈，这种反馈可能是同学们羡慕的目光，或者老师对你的赞扬，包括家长也很满意，这些都会成为我奋斗的动力。到了高中，考试更加频繁，我反而更享受。每当我考了很高的分数，别人对我投来那种"你好牛，我好羡慕"的目光，或者有同学来请教我，我就会特别开心。其实这也是一种虚荣心吧！

我还有个小技巧，考试时每做对一道题，就会积极地给自己心理暗示,我这么聪明,接下来的题我肯定都会。一场考试下来,我总能够保持愉悦的心情。

三、平时付出150%的努力,考场上才可能发挥出100%的能力

除了自己内心的建设,外在的夸奖,还需要我们打通自己的任督二脉。我身边有很多人是没有想破脑袋的能力的。比如,一道物理题,你可能想了半天还是想不出来,"死活"想不出来,但是你可以再"死活"一会儿,想到你觉得脑袋都要炸了再想,有点压榨自己的那种感觉,这时候才会产生突破。

我不是一个特别聪明的人,但这种思维的突破场景在我身上发生了很多次。我从小就开始学编程,刚开始学的时候,我觉得这不是人学的东西,我什么也学不会。虽然我在学科上学得还挺好的,但是

编程需要具备更高阶的思维方式。我的班上有些男孩子特别聪明,学得很快,但我一点都听不懂。

那个时候我可能做对了两点,第一就是我始终在想凭什么他们学得比我好;第二就是想破脑袋。很多人想了一段时间就不想了,或者是想了一段时间后就去问老师、去看答案,但我不是,我就死磕。

举个发生在我身上有点极端的例子。我在高三有一次花了四五个小时去想一道数学大题,这个时间在当时是不可思议的,大多数的人可能选择想20分钟、30分钟甚至40分钟,没有思路就去看答案了,但我没有。这道题其实有两种解题方法,一种特别复杂的和一种很简单的,但是一般人包括我都只会特别复杂的那种方法,它计算量巨大,我当时写了好多页草稿纸,算了一遍又一遍,就靠着"死算"把这道题算出来了。算完之后我就想可能有很简单的计算方法,然后我又自己琢磨,又把那种很简单的方法想出来了。

在你解出来的那一瞬间，成就感会爆棚，这些成就感能驱动你在下一次遇到类似的困难时，继续做下去。

自从有跟自己死磕的习惯之后，我大概从六年级开始，就没有害怕过这些困难，所以你的任督二脉需要你自己打通，这是一种习惯。甚至有的时候我做不出来一道题，我会在回宿舍的路上不断地想，熄灯后躺在床上想，甚至梦里面都会想。有两次真的在做梦时想到了方法，于是回教室后真的把它解出来了。

只有平时做题付出 150% 的努力，到考场上才能发挥出 100% 的能力。因为考试时，大部分人是没有办法把所有好状态都发挥出来的。

四、三步归纳法，把一门学科学通

我在高一的时候并不觉得自己能考北大，因为高一时各门课的成绩下降得很厉害。

一个数学，一个化学，对我来说是很需要技巧的。我初三寒假之前的那一次期末考试考得不好，就想去找数学辅导班，但我的班主任让我去刷题。我在那个初三寒假，花了10天的时间刷了几十套卷子。我会把简单题快速过，留更多时间做中等题和难题，没日没夜地做题后，我的数学成绩一度满分了。

那个寒假让我完成了应试技巧的转变，是一种真的学透了的感觉。同样类似的事情发生在我高三的寒假。我之前化学成绩一直吊车尾。我也是在寒假里面，三五天时间刷了五六套卷子。总结一下技巧之后，我的成绩排名就一直靠前了。

语文这种科目可能没什么太多技巧，但我觉得有些科目是有技巧的，尤其是文理兼有的科目，比如，化学、生物等。我并不提倡题海战术，比如，大家都喜欢刷往年的高考真题，就刷去年的、前年

第四章
从不及格到省前 10 名

的、大前年的……我基本刷完前年的就不刷了。每年的模考题,我就只刷一年的,可能有 10 来套。因为我觉得关键不在于刷题的量,而在于总结归纳的东西,有的时候刷 100 道题,不如精做 10 道题。做这 10 道题,就去归纳它具有什么样的规律。

高三寒假时,我去做化学卷子,为什么只做几套题就理解了,是因为我发现每次大题考的都是类似的内容,就是同样一些知识点,这是有套路的。而且所谓的归纳,其实不是你考试的时候把每一个知识点都记住,而是理解和总结规律。

我将自己怎么练习归纳能力的方法分享出来:

①挖核心,概括提炼,在这个过程中问自己:所以,最终的结论是……

②抓主干,搭骨架,利用好金字塔思维,由金字塔的中心主题,到分论点,逐层往下递进。

③深入思考,自我提问,比如,看完一本书就问自己,这本书主要讲了什么,对我的学习有什么

启发?

举个例子，很多学校的高中老师都会提供思维导图，就是给你一本书，或者很多知识点形成的一个导图。我不看那些导图，而是自己写。一开始可能写得很烂，写得过于复杂、过于细节，或者一开始写得过于简单。但是你必须有这个过程。所以我高中的时候，都会自己写一个导图，一张A4纸或两张A4纸粘在一起，把知识点都画在上面，标注重点。

其他同学可能觉得我做得很好，拿我的去复印了，但他们考得都不如我。因为导图是我自己做的。我觉得跟前面的道理很像，这些关你得自己过，才能成为你的知识。导图也是一样，老师给你的是老师的，你自己做出来的才是自己的。

先内化、后总结，总结出来以后，这些才能长在自己的知识树上。

第四章
从不及格到省前 10 名

五、复习 15 个小时,通过一门考试

我的某个重大考试只复习了 15 小时(一般人要复习 3 个月到半年)。因为时间有限,我大概是提前两三天开始正经复习。

第一步,我先去研究一下老师发在群里的别人之前是怎么复习的方法。

我发现有一种方法比较好,先做真题,自己认真做,不用掐时间,这样你就会发现自己的弱项是什么。我会在旁边摆一张白纸,把弱项记下来。比如,后面对答案发现做错了,或者我想不出来这是什么类型的题目,我就把那个类型记下来,然后画"正"字,看出现了多少次这样的错误。

比如,做真题的过程中我发现有一类题型我错得特别多,我就重点去关注类似题型。我甚至都没怎么看教材,只是重点做这个题型。

注意在排查自己弱项的时候,要排一下优先级,

哪个要先看,哪个必须看,哪个可以不用看,看一下自己估分大概多少,要补上多少分才保险。

第二步,我会去做类似的题型。

做了题之后我就会去思考两个问题:我为什么错了?答案为什么是对的?如果答案理解不了,我就放掉这类题,因为当时时间非常紧迫,我就只能抓我能做的题。抓住教材和答案讲解的学习机会,因为教材已经归纳得非常好了,答案讲解也归纳得非常好。

我身边有一个考试能力特别强的同学,他在北大的任何考试中,只提前半天复习都能考很高的分数。为什么?因为他清楚地知道老师会考哪些东西,他能做到看到一大堆知识点,就觉得这个东西是要考的,他有出题人的思路。他也能从做的那些题中去反推出题人的想法。

培养出题人的思路主要是通过刷真题,根据学科思维特点,揣摩出题者到底使用学科思维逻辑的哪一方面。

比如，历史文字型表格选择题有两个类型：

①找相似、相同部分。

②找变化、趋势（这背后的学科思维即历史是不断变化的，历史是前后相接、有始有终的过程，考的是历史具有过程性）。

六、根据抗挫折极限做考前自我调节

每次考试之前，我都会根据最近的状态来调整。比如，我最近状态不太好或者信心不太足，我就会做一些简单的题，给自己补充一点信心。如果最近比较膨胀，觉得自己学得特别好，我就会用几个难题压一下自己。

再举个例子，大家总说不会的英语题可以猜答案。有的人会告诉你，凭借自己的第一印象选了之后，不要改答案。我觉得不对。我会看这段时间我自己的状态，是第一印象对的多，还是改后对的多。如果我第一印象对的多，我就不改；如果我这段时间改后对的多，我就改。

还有一个听起来比较可怕的方法，不建议大家贸然尝试。我在高考之前曾经故意考差，因为我觉得我的状态需要调整，一路考得太好了不是一件好事，那个阶段我正好觉得自己比较飘。大概就类似迷信"运气守恒"的感觉。我在想，如果我一直考得很好，万一到高考跌了怎么办？所以我在某一次大的模拟考试的时候考得很差，但是我没有特意去答错题或者不答题，只是在潜意识里告诉自己：要不这次考差一点。这让我迎合了自己的运气守恒的想法，让我在高考的时候更相信自己应该运气会好了，有一种心理暗示的作用。当然这种做法有风险，很容易扰乱心态。

我之所以敢这么做，是因为我的心理承受力比较强。我有一次数学考试，还剩最后四道大题的时

第四章
从不及格到省前 10 名

候,第一道我只做了第一问,第二问就做不出了,索性放弃继续往下做。第二道大题我也只做了一个小问,就做不出了。第三道也是,只做了一个小问。然后我继续去做最后一道大题,这道题我全做出来了,然后倒回去重做,最后四道大题全做出来了。大多数人这个时候可能心态都要崩溃了,但我能压住自己的情绪往后做,虽然我当时也慌,但能迅速调整好心态。

每个人的抗挫折能力不同,也有一定的局限,我们能做的,就是在大考之前充分了解自己,摸索自己的抗挫折极限,这样才不至于在真正大考时因慌乱而发挥失常。

心理素质、抗压能力的好坏,表现在面对没有达成预期目标的时候,你是怎样处理的。一般心理素质好、抗压能力强的人,都有超强的自信,并坚信美好的结果会发生!

七、跳出舒适圈,调整环境氛围

很多人对身边的环境是不够重视的,那么可以试试这些方法。

第一点,改变你的周围环境。我会努力让我自己去喜欢我的任课老师,拼命地发现他的闪光点。因为很多时候,你对一个学科喜不喜欢,取决于现在教你的人。所以我会去找他的优点,比如,他很幽默或者衣服穿得好看,或者他讲某个东西讲得真好,人很实诚……我会想办法说服自己去喜欢老师,哪怕我一开始没有那么喜欢。

另外,身边的同学很重要。我到了高中,有一个非常重要的学习方法,就是和同学一起学。我的数学成绩不那么好,我就会找一个我们班上数学最好的人,跟他一块儿去聊数学,互相提供好题,交流解题思路,这其实是事半功倍的,双方都会进步非常大。

第四章
从不及格到省前 10 名

第二点，保持清醒。现在很多人上网课可以用手机，这很便捷，看似也很高效，但我可能学不出来。由于我是住宿生，我使用手机并不方便。我想跟大家说的是，压榨自己没什么不好，你明知道你会很难受，但你觉得那样对你好，所以你去做了，大概率会有比较好的结果。

我是比较相信能量守恒定律的，就是你付出的所有痛苦都会有等量的幸福回报到你身上，所以我倾向于把不用手机，包括前面提到的打通自己的任督二脉，当成一种交换，用一种痛苦来交换一种满足。

比如，跑马拉松，就很像一种"自讨苦吃"的行为，伤膝盖、伤害身体等，但它会刺激人的内酚酞，有助于缓解焦虑。

所以要跳出舒适圈，多去做让自己成长的事情，因为我发现有些让人成长的事是逆着熵增的方向的，谁都喜欢吃喝玩乐，躺平享受，但要让自己成长，就要给自己施压。

考试高手 Tips

不要妄自菲薄,也不要被清华、北大吓着,随时自信、自省,然后自我提升。

1. 保持信心一,向内获取,丢掉负向自动思维,保持"学习好"的人设,不断给自己心理暗示,如果没达到预期,就付出更多努力。

2. 保持信心二,向外获取,父母、家长、同学每一次的夸奖和羡慕的眼光,都会成为你前行的动力。

3. 打通任督二脉,养成跟自己死磕的习惯,当把一个问题解决后,成就感会爆棚,这些成就感能驱动你在下一次遇到类似的困难时,继续做下去。并且不再害怕遇到困难。

4. 如何把一门学科学通?养成总结归纳的习惯,提炼知识点,递进知识点,深度思考。

5. 复习15个小时,通过一门考试,观察"学霸"如何学习,找到适合自己的方法,在做真题时,认真分析题型，揣摩出题人意图。

6. 调节自我认知，发现自己盲目自信时，想办法压一压自己。

7. 走出舒适圈，如何改变周围环境，一是想办法喜欢上老师，二是跟学习好的同学一起学习交流，三是多给自己施压。

第五章

偏科的学生如何应对考试

考试高手

1万小时定律说，在任何事情上，只要集中精力花1万小时去做，你就能成为这个领域的专家。

被访人简介

薛同学，在消费电子类的500强公司工作，工作3年后达到年薪百万。先后在天猫、华为工作，现为某消费电子品牌商业副总裁。擅长数学、物理学科，英语相对薄弱。

第五章
偏科的学生如何应对考试

一、考前选一套卷子磨 10 遍

为什么要把一套卷子研究 10 遍？因为每一遍你都会有"为有源头活水来"的感觉。每碰到一个知识点你都可以将其纳入你的思维导图里面。比如，考不等式或者方程式，虽然考的是其中一个知识点，但是你是否能想起来它常考的知识点有哪几个，去想一遍，去总结，补充进你的思维导图，才算真正把这道试卷分析明白了。然后再去做另外的试卷，这样的流程就已经非常通透了。

有的人可能会问：我做完一遍卷子，第二遍我已经知道答案了，再做一遍的意义是什么？

我想告诉大家的是：纸上得来终觉浅，绝知此事要躬行。拿英语举例，你去背答案是没有意义的。

第二遍相当于五个维度的升华。

第一个维度是，你要分辨出来都是什么题型，比如，第 1 题是细节题，第 2 题是主旨题，第 3 题推纳题，第4题是综述题……

第二个维度是，你要知道这些题型常见的考核方式有哪些。

第三个维度是，你要知道句子里有几个关键词，你回文定位的位置准不准。

第四个维度是，听翻。比如，整篇文章，你查一下单词，查完几个翻译一句，把每句话都自己翻译一下，或者写出来看这句话翻译得对不对。

第五个维度是，看干扰项的分析，很多题都披着外衣，看能不能找出题目的本质。

另外很关键的就是——有所侧重。进可攻，退可守。什么概念？类似在最有限的时间内收获我们最想要的结果，也就是我们常说的投资回报率。不知道你们有没有发现一个规律，很多科目都有"大小年"，就是一年难，下一年简单，依此类推。比如，去年数学难，今年可能简单，那么你的重心就是去攻克别的科目。先把握住最核心的，先拿确定性更

第五章
偏科的学生如何应对考试

强的分，把有限的精力投入在确定性更强的事情上，回报率更高。

我在刷题的时候，会把教辅书和真题放在一起，看看真题对应着教辅书上的哪些知识点，比如，第一套真题考到了线性方程，我就在书上相应知识点上开始画"正"，第二套还考线性方程，就画上正字的第二笔，依此类推。有的知识点可能出现10次，有的只有1~2次。

然后我会选最多的知识点开始看，比如，一个知识点出现了10次，那我就看10遍，一个知识点出现两次，我就看两遍，直到把所有知识点都看完吃透，然后找出相应题型自己总结分析。

我跟身边的朋友交流发现，很多人都会有题感，就是遇到一个题，脑子里第一时间就知道该怎么做，其实也是熟能生巧的结果，对日常的知识点能够融会贯通。

二、反思偏科原因，逐一击破

如果你也出现了偏科的情况，可以自查一下是不是这三个原因：

①讨厌这一科的老师，所以抵触这门学科。

②逃避学科，因为之前这科考得很差，所以给自己贴上了标签。

③学习方法有问题。比如，很多人的语文比较好，但是用做阅读理解的方法去做化学，效果可能不好。

我们先一样一样地解决。

很多人说他碰到好的老师，所以他成绩好；他碰到的老师能力不行，所以成绩不好。我认为是不对的，老师与学生的磨合，一个核心的点在于你能不能融会贯通，如果不能，哪怕你碰到了命题组老师都没有用。你要做的一点就是，把老师讲的知识点敲出来，最好不要写，而是用键盘敲，很多人自

第五章
偏科的学生如何应对考试

己写出来就不想看了。你可以把整个的知识点和思维框架敲出来,整理一遍。

比如英语,大概十天就能将知识点梳理完,这相当于一个把书"捋薄"的过程。

举个例子,很多人说自己英语阅读理解的分数提不上来,有一个问题你可能一直忽略了,那就是读题所耗费的时间太长。其实出题老师并不希望你全部读完,出题老师往往会用文章长度和单词生僻度来增加难度,所以你也不需要懂每个单词的意思,只要猜到每个段落大概讲的是什么,并在文章中标注出来就好。当你刷题刷够一定数量时,你甚至可以在阅读的时候猜到会怎样出题。

一般阅读理解分为三类。

· 事实细节题:

①选项中照抄或似乎照抄原文的一般不是答案,而同义词替换的是正确答案。

②选项中表达意义较具体,也就是句子较长的

一般不是答案，而概括性的、抽象的是答案。

③选项中有绝对语气词的比如，must、never、merely 等不是答案，而有不十分肯定语气词的是正确答案，比如，could、might、possible 等。

·词义及语义判断题：

选项含义与被考单词在含义上相近的一般不是答案。

·推理判断题：

①若要求对某段内容进行推论，那么就只看题干要求作答的那一段。

②选项中采用试探性，不十分绝对语气词的比如，tend、to、offten 等一般是答案。

③符合常识逻辑的一般是答案，比方说，为什么中国比较穷，是因为人口众多，为什么美国人很胖，是因为他们吃的肯德基、麦当劳太多了。

其实英语第一点就是要通过背单词来扫盲。每天坚持背单词，培养语境语感。第二点就是拿着单

第五章
偏科的学生如何应对考试

词去翻译，去精读。比如，把近5年的题，一个词一个词翻译出来，看完就总结出来长短句。我的翻译能力就是这样练出来的。这是一个精益求精的过程，比如，在翻译过程中，主谓宾、定状补、前置后缀，你就都搞懂了。这是个强化的过程，你的语感就在这样的英语的语境中慢慢培养起来了，哪怕英语底子再不好，成绩也能慢慢提高。

我认为哪怕你不知道你能不能考上北大、清华，也要先行动起来，对你是没坏处的。背完单词之后，过及格线的问题不大。

很多人学英语时注重考试技巧，但如果你连单词的意思都不知道，这些技巧根本没法用。你可以把70%的精力用来背单词，30%的精力用来做题，这样尝试下去，你能收获事半功倍的效果。

第三点，用对学习方法，很多学科本质上都有对应的方法，但万变不离其宗，"知识迁移能力＋基本学科思维＋具体学习方法＝高分"。

比如，地理，地理 = 地 + 理。

地就是地图、自然地理、人文地理、地理位置，这方面主要靠自己掌握科学的方法去背。

学会看地图：由大到小。

①先看南北半球、大洲、经纬度。

②再看国家/城市的轮廓、邻国、临海。

③关注首都/重要城市。

④温度带、地形地貌、气候、植被、农作物，以及重要的河流和湖泊。

理就是理解、学会分析题目材料，学会运用理论知识。你知道什么时候看地图记得最清楚吗？我有个小技巧，就是在做地理题的时候，边做边翻地图，遇到不会的题立马去看地图册。

三、先总结再刷题，先规划再优化

回顾我过往的学习经历，我基本上没有做过复

第五章

偏科的学生如何应对考试

习总结。高中时经常刚刚上完数学课,我都不会总结,立马就开始做作业去了。和大多数人一样,抓紧一切时间先去写作业、赶进度。可能40分钟把作业写完,然后再复习半小时,其实这种顺序并不是最有效的。而更聪明的方式是什么?就是养成一个很好的学习习惯,把知识点总结之后再去做题。

好的学习习惯可能跟家庭氛围有关系。有的家长可能更擅长帮助孩子营造氛围,养成好的学习习惯。所以家长们要注意根据家庭特征营造学习氛围。

另外很重要的一点就是自驱。不要自我欺骗,不要自我感动式地努力,要正视自己。你面对的无非两种结果,要么考过翻身,要不没考过。不管你努力10%也好,努力一个月、一年也好,你只能努力下去,否则不如直接放弃。你可以通过质疑两个极端,来在无形中形成内心的自驱。

自驱力立足于个体的情感和自我实现的心理因

素，使人渴求不断地完善自己，将自身的潜能发挥出来。

丹尼尔在《驱动力》这本书中写到，组织中的奖励与惩罚已经不能唤起员工的工作热情，而真正驱动员工工作激情的主要有三大要素：自主、专精和目的。自主是对自己人生道路的把控和驾驭，即我做什么，我决定。专精是把自己想做的事做得越来越好。目的就是一种自我超越。

如何训练自驱力？

首先，问自己以下几个问题：

①你会对什么事有激情，可以刨根问底，没有结果也会去做，也会去改善优化？

②以一生为度量，你追求什么？你在哪方面想做出点成绩来，在这个领域有所成长并无憾此生？

③你对待什么可以像养自己的小孩一样不计较付出，只要看着他快乐成长就心满意足？

如果想培养自己的"自驱力"，第一件事就是

第五章
偏科的学生如何应对考试

要从"挑战——努力模型"中摆脱出来,切换成"压力——控制感模型"。当你切换成这个模型之后,注意力就不再是某个目标了,而是回到了你的身上。

你甚至可以告诉别人你今天的进度。为什么要跟别人比进度?比如,某健身软件为什么很火,而跑团里的很多人都在退群,为什么?原则上大家都喜欢自律的方式,认为自己应该加入运动当中。但其实它是个伪命题。当你发现跑步变成一种负担的时候,你精神变得焦虑了,这反而对你的健康是不利的。所以很多人去做事情的时候,好像每天要看到进度,这就是自我欺骗,自我麻醉。这就是人性的弱点。

我现在走入社会之后,结合我过往沉淀下来的,总结出了我自己的管理方法:我不要反人性,人性是贪婪的、懒惰的。

可以先让自己成为一个有规划性的人。在这里给大家推荐——自律卡。在淘宝里就能买得到。自律卡有个卡片，你每天可以往左往右滑，你做了就打对钩，没做就打叉。每天的事情无非就是：起床背 30 个单词，回想一下知识点，做几道数学题……每天固定这些就够了。坚持 30 天，你就有感觉了，它会提醒你，让你做一些检测，盯控自己每个关键的目标。

四、三个复习思维，做知识点全覆盖

对我而言，考试复习最重要的三个思维就是：总结、深度反思、陈述。它们分别代表了三个层次。

第一是总结。很简单，你不要光做题，你还要总结，总结完再去做。比如，你总结出来自己词汇量不够，就要着手去背单词，让你的总结有效落地。或者细节题不好，就可以听听细节题的专门解题方法，再回过头来想自己当时为什么做错了，为什么选了那个答案，它是强干扰项还是弱干扰项。翻译

第五章
偏科的学生如何应对考试

一篇文章,它是陈述文,还是科技文?有些科技文,其实你不需要看懂,你只要掐头去尾地看观点就够了。每个题型的文章做题思路不同,有些确实需要你抠得很细,而有的时候越难的文章题目越简单,千万要细心。

第二是深度反思。我称为"rethink",re 是反复重复,think 是思考,杜威在《我们怎样思维》中也反复强调过反省式思维。结合具体实例:你的时间安排是否合理,方法是否正确?每做一段时间题,你中途就要休整,多问问自己,还有其他角度的答案吗?你在哪些情况下容易搞错?还有没有同类的题型?

阻碍深度反思的因素有很多,比如,缺时间、缺知识、缺直面真相的勇气、缺承认错误的自知之明……但经过反思后,你就更能清晰地发现,自己的优势所在,自己有哪些缺点需要去改正。

我在网上看到过一个德鲁克回馈分析法,可以分享给大家。

①准备做一件事之前,记录对结果的期望。

②在事情完成后,将实际结果与预期进行对比。

③通过对比,发现什么地方做得好,什么地方需要优化。

表 5-1 日反思计划九宫格

没有反思的人生不值得

——苏格拉底

梦想	月度目标	今日要事
感恩日志	好日子	财富与事业
	地点: 日出: 日落: 天气: 温度:	
学习日记	家庭与社交	健康与旅行

反思:

第五章
偏科的学生如何应对考试

第三是陈述。就是我把听别人讲的,用简单明了的语言自己陈述出来、写出来,变成自己的东西,输入帮助输出,输出倒逼输入。

考试高手 Tips

知识迁移能力 + 基本学科思维 + 具体学习方法 = 高分。

1. 一套试卷做 10 遍,熟能生巧,培养自己的题感。

2. 偏科的解决方案,分析偏科原因,针对性解决,用 70% 的精力去熟悉掌握知识点,30% 的精力去练习这个知识点。

3. 驱动力,不要自我欺骗式的努力,自驱力立足于个体的情感和自我实现的心理因素,规划行动目标,在开始行动之后,利用"自律卡"来让自己坚持下去。

4. 总结 + 深度反思 + 陈述,总结问题,反思原因,用输出倒逼输入。

第六章

一个半月冲刺北大之路

迷茫的时候，多问问自己，你想完成人生"四大喜"的哪几个？久旱逢甘霖、他乡遇故知、洞房花烛夜、金榜题名时。

被访人简介

　　常娜，头部资产管理公司（愿景集团）董事长助理、头部产业互联网公司（贝壳找房）线上教育负责人、头部互联网（字节跳动）公司新业务负责人。北大光华2023级非全日制研究生，曾创纪录一个半月考上北大。

第六章

一个半月冲刺北大之路

一、给自己一个坚持到底的理由

我为什么要考试？

我想有下面几个原因：

第一个是我的梦想。其实小时候可能家长都会给我们灌输一个你要考北大、你要考清华这样的梦想，我是为了实现这样的梦想。

第二个是未来职业规划的必经之道。比如，我现在身边的同事基本上都是清华、北大的，即便不是清华、北大的，也可能是海外留学的，大家的学业经历都非常丰富，且履历很好。我希望在未来晋升，抑或带团队时，起码不能让自己垫底。

第三个是曾经的遗憾。回想如果我高一到高三时都好好学习，现在会不会也是一个清华的本硕，现在的时间节点还能做哪些弥补？

想明白这些理由之后，就要全面地认识自己，审视自己。

在考试前，你要知道自己在这件事上的优势是什么，劣势是什么？可能出现的风险是什么？需要拆分来看。

①比如，我的优势是目标感很强，我知道我短期内想要的是什么，所以我会把我的目标拆解得很详细，努力去达成它。

②我的劣势是什么？拖延症比较明显。我的面试是9月30日出的成绩，我已经知道我有资格了，但我还是不愿意开始复习笔试内容。我觉得周末的时间非常宝贵，如果宅在家学习，有一点点不甘心，也想要去做更多的事情。而且我的耐性没有那么强，怎么办？后面我有一些对策。

③我可能出现的风险是什么？比如，我现在在字节跳动工作，由于工作节奏比较快，可能今天的学习规划到明天就会成为变化。

然后，我会针对自己拟定一些对策。

①我的优势要在应试过程中怎么发挥。可能我

第六章
一个半月冲刺北大之路

要把目标拆解到每一天,拆解到每一个学科,拆解到我的早中晚分别怎么安排。

②我的劣势部分要怎么去抵抗呢?我组织了一个团队,在团队里面,我要起到模范的作用。比如,我要带着大家学,如果我没有学,我的责任感就会催着我去干这件事,因为我知道自己的责任感是非常强的。我自己组建的学习团队,而我每天却不在群里打卡,我就会觉得有愧于大家。

③我的风险怎么应对?我需要规划好工作和学习的时间,将两边同时进行,并保证两边都能高质量完成。比如,我们在定目标的时候,不要过于绝对地将自己的时间规划死,不要规定我在7点~10点要做什么,而是我要花3小时做完什么。这个3小时不一定是7点~10点,有可能是午休的时间,或者是下午。如果你严格地把时间圈定到框里边,对职场人来说是很难完成的,今天完不成,明天完不成,后天你就想要放弃。

有一个自我认知和行动构成的自激回路。所谓自激回路是指自我激励的正反馈回路,自我加强的回路。

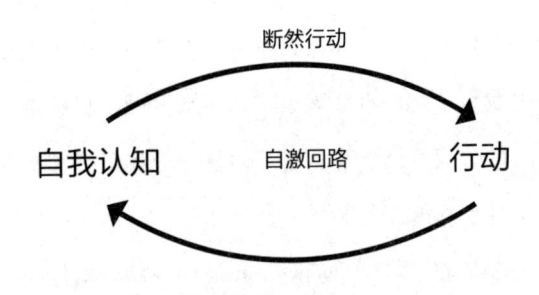

图 6-1 自我认知和行动构成的自激回路

所以当清晰地审视完自己之后,你就会有相应的对策,从而采取行动,发起一轮积极循环。如果启动积极循环的频率足够高,那么自我加强的自激回路就会形成,并且越来越强。

如果实在想不清楚,也可以先采取断然行动的方式。无论情况多复杂,总有对于人生的发展只有好处没有坏处的事情，这样的事情往往都极其简单，比如，读书、健身……

所以，不论如何，从现在开始行动，不要给自己拒绝的理由，至少学习是没有任何坏处的。

二、让氛围带动自己

积极的学习氛围，有利于带动学生的主动性。心理学家布鲁纳指出，当人处在浓厚的学习氛围中，积极的情绪会感染你，提升你的学习兴趣。

详细说说我组建的团队，我的团队有37人。开始我们会聚到线下，周末去咖啡厅打卡，但我发现大家住得比较分散，所以大家聚到一个点，在路上会浪费很多的时间。

我们就在想，不如每天早上要求大家在线上打卡：今天你学了什么？你刷了什么题？我们群里有一个"学霸"，他大概启用了一周的时间，刷了

20套题左右，每天都在群里面晒他的分数。那个时候很多同学都还没有上完课，紧张感立马就被带起来了。

我每天起得比较早，所以我基本上7点～8点就会往群里面发我今天看了什么，我在做什么。中午休息的时间，我也会往群里发消息。大家陆续开始都往群里发。带着大家一起发，就会发现好像不发的同学非常少。因为我们会问那些同学为什么不发。

到后来有同学主动发消息，比如，他的数学特别好，在群里给大家分享一下在做数学的时候会用什么思路。我们会有自己的内部分享，比如某个题对老师解答的方法不理解，有没有同学有更好的解法？其实因为人比较少，所以氛围就很好形成，包括周六、周日，小伙伴也会主动发学习计划。

我们会在线上直接发起腾讯会议，所有人自愿打开摄像头，我们开始一起刷题，刷完题以后就在群里报备，大家一起去看自己的分数。现在大家回

第六章
一个半月冲刺北大之路

忆起来,都会觉得大家是战友,我们线下见了以后会格外亲切,总觉得那段时间荣辱与共。

此外,作为团队组织者,如果你的团队里的人有热情奔放的,特别积极的,你可以引导他多在群里分享,因为刚建立的群大家是比较羞涩的,尤其是劝对方去学习的时候。可能我们彼此不仅是竞争对手,也是合作伙伴。

我会随时提醒大家我们距离目标的时间。我每天要做的第一件事就是半夜12点修改群名称,比方说我们已经倒计时多少天了。大家就在群里发言。在这个过程中,大家会说现在很焦虑怎么办,于是大家又彼此安慰,所以团队的氛围真的很重要。

三、精力分配

你的精力如何分配?比如,你的学科精力分配,你的课程刷题和复盘的时间分配。

① 找到适合自己的课程。刚开始不知道该学谁的课，前期有点蒙，一会儿同学说A的课好，就去刷刷A的课，一会儿同学说B的课好，可能又去找B的课，最后什么也没学到。其实这些时间都是匆匆流逝的，在第一环节中，你就要先去快速地扫一遍市面上呼声比较高的老师的课，选定某一个老师的风格，别人再说其他课怎么好，也不再看了，除非现在这位老师的课已经刷完了。因为来回切换很可能干扰你的做题思路。

② 整体怎么学。不同的学科要细化，可能涉及准备的时间和学习方法。需要根据自己的情况来确定，比如，英语稍微弱一点的同学，从一开始准备的时候，就要把它贯穿于你的学习全程。我自认为英语一般，但也不是特别薄弱，所以我给自己规划的英语时间是相当少的，差不多只用了一周半或两周去准备英语。我会用更多时间去准备别的科目。

这里还涉及刷课的时间要怎么安排，在这个过

第六章
一个半月冲刺北大之路

程中,是不是还有时间去配置一些测试题的演练。或者我今天刷课的时候,必须把今天老师讲的这些练习题都看懂。如果时间不那么紧张,今天学完还可以再配点题。但像一样时间很紧的同学,可以固定时间只刷课,保证第一遍有印象,第二遍时就能通过做题发现薄弱项,再去弥补。

关于时间的分配,我会把自己的时间表罗列出来,大概每周我能够拿出多少时间放在考研上,这些时间我要分配多少时间在刷题上。比如,离考研只剩一个半月,我会拿一个月的时间全部学习课程,留15天刷题。在这段时间里,我白天一上午不工作专门备考,下午我会把我的工作时间压缩。

因为那段时间对我来说,优先级更高的是考试,工作可能是我的第二个排序,因为我的时间是有限的,我要确保我的每一环,时间都够用。可能相比我以前考研的水平,不一定能达到高位,但我起码能够达到平均水平值。所以那段时间我们自己要想清楚，不能既想着把工作做得特别好，又想一点考试都不落下。

四、在有限的时间里抓重点

你需要根据你的理想状态确定适应期，可能是7天或者更多。

在这7天实操过程中，假如你计划每天要有4～6小时的学习时间，发现自己做不到，那么一周试验完之后，马上去做调整。如果你一天只有3小时，就要把方案再做一次校正。每天3小时要怎么分配，怎么压缩，哪些事情可以不做，哪些一定要做……很多时候可能因为时间比较紧，所以你必须懂得放弃。放弃哪些可以不学，比如，我的数学，我不是全章每个知识点都去刷课，我大概知道我曾经上学的时候哪些是薄弱点，哪些是很擅长的，哪些是模棱两可的，哪些是特别差的。

第六章

一个半月冲刺北大之路

我会快速有针对性地看一遍,我看视频的时候,会开二倍速。如果我发现我要理解的知识点需要花很长时间,那么我会先把它放弃。先快速过一遍我曾经比较擅长的部分,保证不丢分。

如果后期还有时间,就再去学比较薄弱的部分。如果实在没时间学,就不要学,你学了也未必会,为什么要浪费这个时间呢?但是像政治、英语这类,需要靠记忆力的,没办法去节省时间,也可以利用自己平时碎片化的时间去背。

不知道你们有没有发现一个奇怪的现象?在同样的备考时间下,付出同等时间和精力的人会得到不同的结果。区别在于,一方面是否能高效地利用时间,另一方面是否能抓重点。

如果在备考的时候,能够抓住关键的环节,就可以以更小的投入,收获更大的回报。关键环节就三个部分:

① 研究考试真题。

比如，你定的目标是考研英语70分，对提高分数来说，最关键的是：

- 5500个考研单词。
- 长难句分析能力。
- 近5年考研真题分析（最重要）。
- 考研作文专项训练（后期进行）。

② 科学做笔记。

在做笔记的时候信息尽量压缩，利用关键词合并同类项。很多课本上的知识点，为了让我们更好地理解，会举很多例子，所以我们只记住关键部分就足够了。

错题归纳分析，将同类考点的错题归纳到一个地方，为了节约时间，直接将试卷撕下来贴在笔记本上。

③ 进行知识拓展训练。

纵向拓展：了解这个理论是怎么来的，经历了怎样的推演过程，当前的结论是什么？有什么延伸的考点，比较有代表性的题型是什么？

横向拓展：知识不会孤立地存在，学习一个知识理论时，你要思考与此类似的结论还有哪些？有哪些地方类似？不同的地方在哪里？还有哪些其他的发现？围绕这一结论有哪些其他的事实？横向拓展需要在知识点间建立联系。

备考需要准备的东西很多，在时间有限的情况下，为了获得最大回报，很多东西就要丢掉，集中精力去做收获最大的事情。

五、考试也是信息仗

实战环节第一个就是目标。

首先你要定位你要考什么学校，其次考这个学校的条件是什么，最后就是学校所倡导的价值观、文化等。你需要知道它跟你的匹配度。

考研也是一场信息仗，但你不用在网上搜各种信息,只需要每年的9月前后,关注报考院校的官网。或者去搜集你的学长、学姐他们的报考信息就够了!了解他们报考了哪些高校,最后有没有成功?如果你觉得自己实力不错,那就选择这几所高校中排名靠前、竞争更为激烈的学校。如果你觉得自己水平不够,那就放弃最强的那所高校,退而求其次,选择一所比较稳的院校。

到了笔试部分。第一个就是考哪些科。比如,有一科叫逻辑,这个逻辑是什么意思?其实很多人是满脑子问号的,会投入非常多的学习精力在逻辑里面,因为我们过往的教育过程中,逻辑不是一门单独的学科。你需要去思考逻辑的分数占比。

基础阶段:要认真听系统课里的每一个知识点,弄懂吃透,把不会的内容做好标记。需要把概念、判断、推理部分的基础打牢,自己在头脑中形成初步的知识框架,尤其要熟练记忆符号语言和日常语言的转化,比如,逻辑上的"有些",它也可能指

第六章
一个半月冲刺北大之路

代的是所有。

强化阶段：开始针对性强化自己的解题能力，通过对各类题型的强化学习，达到以题代练的学习效果。

冲刺阶段：需要对真题进行2～3遍的实战演练，培养自己综合解题能力以及在考场上的应变能力，通过真题、模拟题对薄弱项查漏补缺。

无论是高数、英语或政治，我的薄弱点在哪里，我要怎么去突击？

① 高数

整体感知复习内容：拿到教材后不要急于复习，先把大纲浏览一遍，看看高数整体分为哪些内容，简单形成一个知识框架。

复习定理，做到理解吃透，弄清来源：几乎所有的考研数学题都是围绕数学定理展开，一定要先把定理读懂，然后理解证明过程，最好能自己独立将定理推演出来。

最后做例题和相关习题：看完每一个定理后，把例题答案盖住，自己做一遍，做完对答案，看看自己对定理理解得怎么样。

真题练习：严格3小时定时模拟，做完之后对答案，将错题收集整理，分析错题原因，是计算出错，知识点没吃透，还是定理没弄明白。

② 政治

背诵选择题知识点 + 刷题：可以刷 2 ~ 3 遍"1000题"，如果遇到你不理解的地方，返回教辅书看相关知识点。

背诵大题 + 强化选择题 + 模拟：最重要的是知识框架 + 理解。

将政治的不同科目都整理成知识框架。

马克思主义基本原理：马克思主义基本原理是整个政治考试科目里无法突击的学科，需要花时间和精力在上面才能做对题。

中特 + 史纲：结合史纲一起复习，会议时间线

第六章
一个半月冲刺北大之路

要整理清楚,梳理出逻辑节约脑容量。

思修:都是记忆性的内容,可以整理笔记,将时间线和易混淆的知识点都整理一遍。整理对做选择题很有用,命题人喜欢用易混淆的知识点出干扰项。

每周要进行严格的3小时模拟,判断自己3小时每个题要写到什么程度才能做完。把政治安排在上午复习,跟你的考试时间一致,让自己的大脑适应上午做政治题目。

③英语

背诵单词:学英语主要就是看自己掌握的词汇量够不够。

语法长难句:每天分析拆解两个长难句,外加练习过往真题中的阅读部分。

阅读理解:阅读的本质是逻辑;反复强调的是重点,重点即是考点;考研阅读理解的答案有时不是选出来的,而是用排除法比较出来的。

作文模板：背作文，建议大小作文各选10篇，作文话题就那么几个，准备20个足以应付考试。

然后就是分数了，分数需要参考一下近5到10年的历年分数。我们要懂规则，除非是"学霸"，一考就能考上。像我们这种成绩一般的学生，就要用最少的时间，最少的精力，争取一击必中。若考研历年的分数，大概平均线最高也就175分，我的目标就先定175分~180分，拆到每一科里面，我们要知道每一科的分是多少，我们大概现在的水平能够拿到多少。可以先去做一套测试题，然后有针对性地去提升相应科目的分数。

比如英语，如果我想拿分，从哪块去切入？这些在初期就要清楚，之后就是设立目标，这时候你能清楚地发现自己要考多少分才能完成目标，包括大分的目标，小分的目标，每一科的目标。它可能是一个区间值，不是一个定位值。有一天，我可能发现高数很简单，就多拿点分。逻辑题很简单，就逻辑多拿点分。

另外我们还要看一下性价比，这些题分别是多少分？数学一道题就是3分，逻辑题一道题是2分，逻辑有那么多题，逻辑的配比要怎么去分，数学的配比要怎么去分，哪些题可以放一放。比如，我觉得某一些题比较难，就果断放弃，因为又花时间，得分又少的题，不如那些自己觉得简单、花的精力少、得分更高的题。

六、考场实战策略

首先，你需要知道前人都走过哪些坑。我会搜一些网络上的笔记，一些考过的同学会分享在上考场的时候，他们踩过的坑都有哪些。

比如，很多人一上来就写作文，写完作文发现浪费了很多时间，后面做题的时候就很慌，越慌越做不出来。随便蒙答案，一定拿不到很好的分数。

有的同学可能先答自己比较擅长的，再写作文，再去答不太擅长的，这是80%的同学都会采取的策略。

但我发现这其中也有一个坑，这个坑在于，你需要在预留的10～15天里，在做题的时候，严格控制你的时间，严格控制考试的时间节奏，某一个环节出现问题都会全盘皆输。

因为在家模拟的时候，我虽然定了闹钟，但是始终会认为：我一会儿在写作上压压时间不就好了吗？这道题我再想一想吧……这样上考场就会失策，这样做的结果导致我有13道逻辑题没有答，所有选项乱猜一通。我踩的坑也可以给大家借鉴，真的是要严格遵守时间，考试时间太重要了。

考试的时候大家可以结合自身情况进行时间分配。一个比较安全的方法是大家在考前严格按照时间分配表做3套模拟题。只有这样，你们在真正的考场上才能熟练而且严格按照时间表来做题。

第六章

一个半月冲刺北大之路

比如，数学是第三门，考试时间是第二天上午。因为数学考试是直接在答题纸上写答案，所以在考试的时候，一定要注意合理地安排好答题的空间，答题时尽量不要跳步骤，因为每一步都是有步骤分的。

一个小建议，如果你做选择题和填空题时，3分钟都没有解题思路，就先果断放弃。因为不能让选择题和填空题影响到后面大题的解答时间，毕竟不少大题其实不难。在解答大题时，也一定要学会暂时放弃不会做的题，不要为了一道题目苦苦思考很长时间，每道题思考的时间最好不要超过10分钟，否则容易导致概率和线性代数等部分的题目无法解答，而概率和线性代数的题目相对要比高数简单一些，因此不要为了一道题目而耽误了后面的二三十分。

总之，该放弃的就放弃，尽快调整好自己的心态，要相信自己做不好的题，别人很可能也做不好。

其次就是认知,认知答题的顺序和放弃的部分。哪些题你要放弃,其实你在上考场之前就要知道。

我的一些应试技巧是,碰到特别难的,我就会先圈个圈,先不管它,因为这种题对我来说浪费的时间会比较多。除非我拿尺子能量出来的,我会立马做,否则先不管它。

另外,如果我读一遍题,不能够快速产生思路,我也会先圈出来。比如,数学考试,看到文字特别长的题,我也会先把它圈上。这种是我自己一旦紧张、马虎就容易出错的题,还会占用很多的时间。

等答完之后,发现整个数学考试时间45分钟,你30分钟就答完了,剩下的这15分钟,就可以反过来再去看自己画圈的题,这样心里就非常有数,起码没画圈的题的分数已经到手了,此时基本上85%的分数都拿下了。这样就算画圈的题不做,目标值也已经达成了。所以那个时候你的心态是很稳的,再去做这些画圈的题,在心态好的情况下,你

第六章

一个半月冲刺北大之路

做对的概率自然会更大。

做逻辑题的时候,逻辑题最大的坑就是文字特别多。在这个时候,你就要在上考场前,花很多时间去找不同的题,看这些题型的关键词是什么,其他的文字可以不看,只看那些关键文字的前后文就好了。就算有6行字,我只看其中的两行,也能去做题。

还有一些推理题,我会先空着。所有的推理题,要画表、画图,非常耗时间,我会把不需要推理的这一部分题先做完。这部分题我知道,在测试过程中我的正确率很高。推理题我不仅会用很多时间,正确率也比较低。

比如,55分钟里,用30分钟就完成了其他我认为简单的题,剩下的25分钟,我就会去答那些稍微难一点的题。可能在第一步的时候,这道题你有一点思路,就标一个星,然后在返回来的25分钟里,先去答这一个星的,因为它的难度对你来说不是特别大，只是需要时间。在第一遍做题的时候，你标两颗星或三颗星的题对你来说难度很大了，或者是它涉及表格式，这种推理题可能要花 5 分钟时间，最好不要浪费这个时间。逻辑题本身考验的并不是你做题的准确率，而是考验你做题的策略。因为最后你甚至有可能蒙对，所以可以先空着。

七、理解考试的本质，扭转心态

最后我想说说心理建设。从你准备考试开始，就要不断给自己打气，其实 300 分的题拿个一百七八十分还是比较简单的。不断地给自己心理暗示：这个事对我来说还蛮简单的，我已经有非常清晰的规划了，按照我的规划一定能够达成。

我的心理建设一直做得非常好。我每天会跟朋友吃饭放松，不会说把所有时间都投入学习中去，因为我怕如果所有的精力都投入在这里面，人会变

第六章

一个半月冲刺北大之路

得非常焦虑。

我每天起床以后,会对着镜子告诉我自己,我就是北大的。我也会跟朋友说,我马上就要去北大了,我有预感我一定会上北大。每天我都对自己说,对我爸妈也说。

坚持每天重复的小动作。其实可以买一些小的工具,像我是上的 MBA 大师的课,可能很多人说他们的课一般,但我觉得对我来说还好,我会跳着学,所以节奏是我自己在把控。它有一个背单词的小工具,比如,我去做美甲的时候,美甲期间我就能背 10 个单词。我觉得我还挺满足的。这样我做指甲时心里不会有愧疚感。

很多人在考研过程中觉得想看电视就对不起自己,但那段时间我还追了一部剧,每天我都觉得备考很充实、很开心。所以不要让自己特别紧张,也不要让自己预期过高。因为你太用力,容易心态崩。

考试高手 Tips

1. 自我认知。全面审视自己，找出问题，逐个想出解决方案。如果实在想不清楚，也可以先行动，很多事情都是对于人生的发展只有好处没有坏处的，这样的事情往往都极其简单，比如，读书、健身……

2. 培养学习氛围。跟同样备考的人一起自习，让良好的学习氛围带动和激励自己。

3. 精力分配。学科精力分配，刷课时间安排，刷题时间安排。

4. 抓住考研重点。① 研究考研真题；② 科学做笔记；③ 进行知识拓展训练。

5. 考研实战。① 确定院校目标；② 在做题中发现自己的薄弱点，进行针对性训练；③ 确定科目分数的性价比，做到花最少的时间，拿最高的分。

6. 上考场策略。根据自身情况，以及平时训练情况，将不会的题根据难度标注出来，先做简单的题，回头再做难的题。严格把控考试时间。

第七章

考了4次,终于拿到北大录取通知书

那些我不被接纳，不被选择，没有获胜，未能达到要求的日子，回过头来再看，远比那些我被认同的时刻更加重要，那时候确实会感觉无助，但也正因如此，我才能坐在自己的房间里，写下那些能帮我通往其他地方门票的歌曲。

被访人简介：

贾若礼（栗子学姐），北大光华 2022 级全日制 MBA，笔试第 1 名。曾经是一名航空气象工程师。联考成绩 254 分，其中管综 164 分，英语 90 分。

第七章

考了 4 次，终于拿到北大录取通知书

一、有一种信念让我傻傻坚持

我参加了 4 次考研，幸运的是 4 次里有 3 次都考上了，最终我来到了北大光华。

2017 年，我本科毕业，日夜辛劳考上了本专业非常好的研究所，但再三思考后，我选择了先工作，想先在行业内学习，再看看机会。

2018 年，我凭借对法律的热爱，边工作边学习参加了当年的考研，最终战败。

2020 年，在工作 3 年后，我萌生了读 MBA 的想法，一开始就是摸着石头过河，在信息不全面的情况下还走了一些弯路，好在这些都成了经验教训。最后，我拿下了北大汇丰、上交安泰、上交高金、人大以及对外经贸的提前批面试，报考了人大，考试通过被录取了。但是我又一次放弃了，因为在我心中一直有一个北大梦。很多人都劝我不要轻易放弃眼前的读研机会。但是我多少有点倔，还是想要

在年轻的时候勇敢去追求自己最想要的,自己做的决定以后是好是坏都不后悔了。

2021年,我决定冲刺北大,为了自己心中的梦想再拼一把。于是我开始认真准备面试和笔试,哭过累过,好在没放弃。

我的本科是"双非"院校,我不是那个最优秀的,也算不上聪明,但有一种信念让我傻傻地坚持。得知面试结果时是10月的最后一周,在北京最美的秋天,银杏叶撒满大地,一片金黄,柔和的阳光让我想到光华老楼此时的静谧和安详。还有两个月考试,曾经畅想在未名湖边散步、在校园操场唱歌的场景都在不断地激励我:"喂,这可能是你离北大最近的一次了!"

只有两个月了,不,当时我想的是自己还有两个月的时间。人生能有几回搏,走出校园后,还能遇到几个像这样实现路径如此清晰的梦想呢?于是几天后,我在桌前摆上了像当年高考时候一样的座

第七章
考了4次，终于拿到北大录取通知书

右铭和明信片。明信片上就是神秘而温暖的光华老楼。每当累了想偷懒，我就会用畅想洗脑大法想象一下明年这时候我在学校里和同学们聊天，在光华老楼的咖啡馆窝一下午安静地看书。这些看似不起眼的意念支撑着每一次下班回家后我疲惫且困倦的身体。

说了这么多，其实我就是想告诉你一件事，坚持不下去的时候，美化自己的梦想并激励自己，然后拆解目标，一步步去实施。

二、考试就是在有限的时间内解决问题

1. 提升专注力

白天上班、晚上看书的确是对精力体力的巨大考验，因此我几乎不对学习时长进行严苛的要求，但我要求自己投入学习中的分分秒秒都是全情投入的，享受这种阅读、思考的过程。

我在网上看了很多提升专注力的方法，分享几个对我有效的：

① 营造学习氛围

我在学习的时候，会把手机放在看不见的地方，然后打开 iPad，进入 B 站上一个考上北大的 UP 主的直播间，跟她一起"上自习"，这样能很快帮我进入学习心流的状态。

② 保持充足精力

学习是件很耗费精力的事情，如果每天昏昏欲睡，会特别降低效率，所以我每天坚持早睡早起，清淡饮食。

③ 拆分目标

工作的时候考研，要利用好碎片化时间，所以我会把今天的学习计划列出来再拆分，上班前学习 1~2 小时，路上听一下作文或者英文。晚上回家累了先小睡一会儿，然后起来学习 4~5 小时。

④ 引导专注

我在坐地铁的时候,发现司机会经常用手往前指一下,就是为了防止走神。所以我也会用一些特定的手势和动作来引导自己专注,比如,喝一口水,捏自己一下,提醒自己该专注学习了。

看似很枯燥,做起来后你会发现简单又充实,效率倍增。

当你专注于当下的时间流逝和具体的案头习题时,焦虑和迷茫也会消失,越专注,越坚定,越顺利。

2. 知识积累

我相信有些人对于考试,是突击速成的天才,而对普通人而言,踏实打好基本功是最重要的。现在这时候开始还来得及,千万别浑浑噩噩最后抱着侥幸心理上考场。

比如,管理类联考,单从考试内容而言,数学科目考查的是高中数学,逻辑科目上大家基本是同一起跑线，英语科目大概都是四级到六级水平的题目。这些注定这个考试不是一个考验智商的测试，而是考验你是否适合用管理思维"解决问题"。也就是说，我们的目标是：如何在有限的3小时内，利用有限资源（时间）配置出最优模型，取得最高收益。

①严格控制时间。

每一次去做真题和模考，最好都计时。我通过一次模考将自己在考场上的答题顺序和时间固定下来。按照卷面的顺序做题，即数学（60分钟）、逻辑（50分钟）、作文（60分钟），涂卡及机动时间10分钟，以应对考场突发情况以及因为紧张所带来的单科答题时长延长。

另外还有科学的答题方法：

a. 根据分值配置恰当的时间比例。

b. 根据难易安排答题顺序。基本原则是按"先易后难，先熟后生，先高分后低分"的原则依次答题，各部分试题总会有1～2道难题，千万不要让个别

第七章

考了4次，终于拿到北大录取通知书

难题纠缠住，果断放弃，以免耽误后面答题的时间。

c.还可以根据自己的喜好安排答题顺序，对我来说，作文不宜放在最前面，原因在于刚开场写作文容易陷入纠结和磨蹭之中，严重超时，同时书写也不利用让自己进入紧张的大脑运算模式。我在考场上最后只剩下50分钟的时候开始写作文，虽然时间紧张但依然能够写完结尾，最终作文的分数是56分完全超出预期。如果只有50分钟做数学，大脑会紧张到完全不会思考。因此，根据自身情况，选择合适的答题顺序以及安排好时间就是考试成功的第一步，后面可以多次通过训练让整个过程更加流畅。

如果平时训练足够多的话，也可以在简单必得分的题目上省下时间。拿高考数学举例，平时大量训练基础题，对该题型形成肌肉记忆，在考场上一看到这类题就可以直接写答案。

② 重视真题和模考。

毫不夸张地说，真题的价值高于其他任何资料。

如果时间充裕，第一遍可以拆开来单科去做，将每一科考的知识点在书上标注出来，然后找出同类型的题目。如果做对的话，说明你对这个知识点基本掌握；如果做错了，及时查漏补缺，多训练相关题型。

第二遍建议按照自己的答题顺序和严格的答题时间去做。我一般是用1小时50分钟做完数学和逻辑，此时感觉脑子完全处于宕机状态，因此我们需要多适应几次，让大脑形成习惯，既能够掌握答题技巧，把控考试时间，还能锻炼考试心态。

临考前，建议去做几次模考练练感觉，最后两周多给作文一些时间，认真去上手写一写，大作文和小作文起码每个写3篇。对分数要求严格的同学可以在网上买答题纸按照答题纸去写，规范答题的格式和书写。

③ 预习、复习和练习。

我之前遇到过听课明明白白、下笔稀里糊涂的情况，这实际是因为我上课时跟着老师的思路走以

第七章
考了4次，终于拿到北大录取通知书

为自己会了，但其实我不理解，更不会运用，听课过程中的偷懒使得我放弃独立思考而只做老师思想的跟屁虫。

我几经试验，最后通过预习、复习、练习的三部曲完美解决了这一问题。

预习主要是了解老师讲这节课的目标，提前做一遍课堂上的习题，课堂上再对照老师的讲解看看思路的差异以及可改进的空间。遇到不懂的地方，标注出来，上课的时候也能更仔细地听或者问。

预习的时候不要走两个极端：

预习过粗，这种比较流于形式，没什么效果。

预习过细，可能导致自己陷入某一个误区，并且无法查漏补缺。

不要小看一点优化提升，考场上节省下来的时间都是宝贵的。

复习就是归类总结，找到共同点和差异点，以及思考为什么这些题目对应考查这些知识点，用题

目对知识点进行查漏补缺,并形成长期记忆。

结合艾宾浩斯遗忘曲线,可以确定在什么时候复习:

第一次复习:1小时后

第二次复习:当天晚上睡觉前

第三次复习:隔天早上起床

第四次复习:第三次复习1周后

第五次复习:第四次复习2周后

第六次复习:第五次复习1个月后

当然为了节约时间,也不一定每个知识点都需要去做六次复习,还要判断这个知识点的重要性。比如,每年的必考题,就需要花更多时间把这个知识点吃透。不复习的话,很可能相当于白学。

练习能保证所学的知识点能够在实战中应用得当,多次练习能形成思维习惯。这样可以在考场上节省很多时间。因为很多考题都会有一些伪装,并不会让你直接把知识点照搬上去。

比如，刷真题时，掌握几个小技巧：

a.回想知识点，锻炼自己把知识点从脑子里输出的能力。

b.研究出题范围，就是说你要解答到什么程度才能拿分。

c.研究答案，结合知识点看看解答思路和步骤，这样你才能对考题有更多了解。

不练习的话，脑子里的知识点没有输出的地方啊！

三、前半小时，先做一眼就会的题目

1. 建立自信，不会就跳

最开始从自己擅长的科目入手，考场上的前 10 分钟你会格外紧张，因此这时候需要一些策略让自己快速建立对本次考试的信心。

我会在前 10 分钟做那种一眼就会的题目，这样短时间内就可以收获很多分数，这种感觉会让你觉得自己很行。

前半小时遇到不会的题目或超过一分钟还没思路的,我会选择先放过自己,跳过去继续做能拿分的题目。保证自己会做的题目做对其实也能拿到一个不错的分数,没必要纠结偏难怪题。像2022年数学真题那样,如果一味纠结,就会影响后面逻辑和写作的分数,但事实是后面题目很简单,数学部分大家都抱怨没考好,产生差距的还是占大部分分数的逻辑和写作。

2. 模考复盘

模考之后,建议从时间安排、知识点漏洞、答题技巧、考试心态四个方面去做复盘,知识点的问题就查漏补缺,技巧心态的问题就用多次训练弥补,熟能生巧。

3. 考前保暖,补充能量

第七章
考了4次，终于拿到北大录取通知书

考场上我刚答题半小时肚子就开始饿了，大脑在紧张情况下也转不太起来。早晨6点起床，过去快4小时了。一摸兜里还有块巧克力，窃喜了好久。

比如，管综这种高强度的考试拼的不只是知识和技巧，还有体力。建议早上多吃几块巧克力、高碳水的食物，或者也可以喝一点葡萄糖。12月末的天气非常冷，同学们可以带上暖宝宝保暖，保证开考时身体舒适。

4.完成比完美更重要

管综考试时间非常紧张，因此不要用完美主义苛求自己。时间紧张的情况下，一道题不答可能不影响上岸，但作文一定要结个尾，主观题完整性非常重要，切勿因小失大。

现在，我正坐在学校的图书馆里，望着窗外的博雅塔，想起了报考时憧憬的一幕幕画面。我的思绪从模糊回到真切现实。怀念去年那段纯粹又充实的复习时光，它们把不安结成蜜，用梦想点亮希望。感恩北大光华给予我成长，在混沌不明的时代拐角，透过裂缝，穿透一束光芒抵达我。

现在距离考试不到百天，我想起刘俏院长在2022年开学典礼上的致辞：循心而往，向上生长。It is better to burn out than to fade away.（与其凋零，不如燃烧。）

加油，我在北大等你！

考试高手 Tips:

1. 坚持不下去的时候，美化自己的梦想并激励自己，然后拆解目标，一步步去实施。

2. 考试就是在有限的时间内解决问题，在前10分钟做那种一眼就会的题目，前半小时遇到不会的题目或超过一分钟还没思路的，先放过自己，跳过去继续做能拿分的题目。

第八章

爱好迁移法,让备考不再痛苦

人这一生，最光辉的那一天，不是功成名就的那天，而是从悲叹和绝望中产生对人生的挑战，以勇敢迈向意志的那天。

被访人简介：

游剑荷，北大光华本科，清华经管研究生，从江苏考上北大，是会讲故事的数学老师，用弹琴的艺术学习的跨界思维者；张佳美，北大本科双学位，工商管理硕士在读，央广网"明星教师"，高考分数709（满分750分）。

第八章

爱好迁移法，让备考不再痛苦

一、把喜欢的和不喜欢的事情做串联

我会把学习与我生活当中的事情联系起来，比如，我有段时间很讨厌写作文，动辄800字，很让人头疼，我很难凑出那么多字数。但是我喜欢练琴，我在写不出来作文的时候，就会去弹琴。乐章的起承转合和前奏尾声，能给我带来灵感。我会把自己想象成莫扎特或贝多芬，这样就立马文思泉涌了。

通常，人们在遇到不喜欢的事情时，会有厌烦感，容易带着情绪去处理问题，这样就夸大了事情的难度，增加了心理压力。

人的本能是驱使自我去做更感兴趣的事，这不是什么问题，没有人愿意做自己讨厌的事。

爱好迁移的技巧在于，其实很多事情都是相通的，将你喜欢的事情和不喜欢的事情做一个串联。

难点在于，你是否能让那些喜欢的事物变换一种形态，融入到让你讨厌痛苦的事情中，形成抗衡。

我的心路历程一般会分三步:

① 意识到痛苦的根源。很多人可能碰到不喜欢的事情只会停留在第一步,放大负面情绪,进而让自己越来越难以推进事务。那么多做一步,让自己找到究竟是什么因素给自己带来负面情绪,就尤其重要了。

比如,我不喜欢写作文,因为时常没灵感会让我很烦躁,会给我带来负面情绪。所以从这一点上我就找到了情绪对抗点。

② 找到与之对应的对抗点。比如,除了练琴我还爱看电影,我可以把电影和语文作文联系起来。当我写不下去的时候,可以去脑海中搜索一下电影的片段。

举个例子,想表达"一个人等了很久",直接描述就很没意思,你可以写"我走过来以后,看见他周围一地的烟头",这种镜头经常出现在电影中,这样别人读到这句话时,瞬间就会有那种身临其境

第八章
爱好迁移法,让备考不再痛苦

的感觉。

③ 执行步骤的形成。我的很多同学,理科是靠着看《名侦探柯南》提高的,因为《名侦探柯南》故事情节的逻辑性很好,你爱看,就会去关注它的各种细节,每个细节之间的关系是什么样的。类比下来,你读题的时候就要理解题的每个细节、每句话是什么意思,然后再把接收到的信息串起来。

在这个过程中,实质上我们将痛苦拆分成了若干份,也就削弱了痛苦的程度。而同时我们将成就感拆分成了若干份,视线锁定在每一次的成功上,反而放大了成就感带来的快乐。

痛苦越多,获得快乐的阈值就越低,也就越容易在进程中调和情绪矛盾。爱好迁移的目的在于,让你更有信心去面对之后的困难,即使再遇到讨厌的事情,也可以避免更多的负面情绪。

二、寻找每道题的母题

我们总是会碰到这样的情况：老师给我们讲完题以后，当时真的听懂了，但是做类似的题时又会出现问题。

为什么一听就会，一做就废？可能我们都忽略了一个要点——寻找每道题的母题。

展开点说，就是当你遇到一道题时，要先看这个题考的是什么，它的母题属于什么类型？从母题的角度来看，考的无非就是那几种情况。

比如，英语，不管是雅思、托福还是SAT等，碰到一道题时，先去观察，考的是内容逻辑的递进还是具体的信息，如果是前者，你应该关注前后所表达的意思，如何将前后组织到一起，平时多练习逻辑连词、指代、推理暗示等。如果是后者，你应该关注这句话怎么去理解，平时扩充自己的词库，或者练习长难句。

第八章
爱好迁移法，让备考不再痛苦

另外，母题是有基本的做题步骤的。你需要自己去总结，每个母题的每个类型，第一步做什么，第二步做什么，第三步做什么，然后再针对每个类型按步骤练习。

我有个技巧，从参考答案来分析，比如，一道综合题，多分析答案的得分点和答题结构，你就会总结出一个答题的思路。

三、提升专注力与抗压能力

你应该保持一项运动习惯。为什么这么说？因为运动能锻炼人的专注力以及抗压能力。

专注力，决定了你对一件事能否坚持下去。我最多一次转呼啦圈转了4小时。所以如果这件事你想做，你就可以真的沉下心坚持。

分享几个我在网上看到过的提升专注力的方法：

① 在开始学习前，列出任务清单，有了明确的

目标，相当于正式告诉大脑，要开始专注了！

② 隔离干扰，在学习的时候，将手机关机。在公共场合，可以戴降噪耳机，确保能沉浸在自己的学习世界里。

③ 一次只做一件事。

④ 写下杂念，如果在专注的过程中突然冒出一些杂念，比如，想到某件事、某个人，最好的方式就是用笔写下来，从而快速将杂念从大脑中清空。

抗压能力，它决定了当你遇到问题的时候，到底是心慌还是平静。比如，在打羽毛球比赛时，当比分比较接近时，你的心态就能决定你的反应速度，决定你的出手方式。

心态对我来说极其重要。大家都知道数学卷子最后一道题一般都是压轴题，有时能做出来有时做不出来。

我在高考那年，我前面的题尽可能做对，但是最后一题就是不会做，我就空着了。因为没做出来很正常，那就是我的正常水平。但最后 5 分钟我查出了一道填空的错题，让我拿到了 5 分。这 5 分有多重要大家可想而知。所以即便压轴题没做出来，我也是赚的。

那天我出考场之后，外面大多数学生都在哭，因为那年的高考题真的特别难，但后面还有别的学科的考试。如果这时不能放平心态，那么你失去的就远不止那几道做不出来的题的分数了。

四、养成做错题本的习惯

我生在高考大省，竞争非常激烈，从初中开始，大家都会有做错题本的习惯。它虽然是一个比较形式化的东西，但我认为它其实是在督促自己，让你养成对自己所做的东西进行复盘的习惯。

错题本的作用，不仅是知识框架的集合，主要目的是遇到相似题型不再出错。

最重要的是要多思考，少盲目刷题。我不会拿到一道数学题之后就立马去做，而是会先想一下这道题有没有更快的解法。先想后算，这比先算后想更有效。

我初、高中加起来的错题本摞在一起大概有1米高。我会在期末复习的时候，把同一类型的题目归类，集中在一起，然后把这一类题型的解题思路概括出来。

一学期的错题本内容我能全部背下来，因为我在有空的时候，会反复看。

总结一下做错题本的经验：将错题的内容整理，将它做成一个知识框架的集合。

①挑选错题。

错题本上整理的也不一定都是错题，应该选择记录有代表性的已错题、易错题、重点题、难点题、创新题等。比如，有一类题，你能解出来，但花费的时间很长，考试也是一场时间竞赛，所以这类题

第八章
爱好迁移法,让备考不再痛苦

也需要记录,看能不能找到新的解题思路,平时也多练类似的题,增加熟练度。

②记录错题。

在记录错题的时候,需要同时记录错题本身、所考核的知识点、解题思路、错误原因、注意事项。下次遇到错题的时候,你可以按照这个框架往里填充内容。比如,有些错题是你本身会做,但粗心导致的,说明你在做题的时候有这个不好的习惯,下次再遇到类似的情况,就需要更加注意。

③复习错题。

回顾知识点和解题思路,可以不定期去做同类题型,及时补充同类题型,思考变量。

五、用适当的压力逼自己一次

TED上有一个演讲介绍如何劳逸结合:第一件事是开始前,需要进行内心的调节。比如,确定自己的目标，这个目标将成为北极星或指南针，帮助我们朝着努力的方向前进。第二件事是，给自己增加一点紧迫感。

举一个我自己的例子：我并不是一个特别努力的、特别勤奋的人，我很贪玩。但是我会考虑我的目标。比如，我想去更好的学校，想要更好的生活。这种属于正向的激励。同时我需要用适当的焦虑逼自己，所以也可以给自己灌输一些反向的，比如，考不上就很难过，让自己强行知道这个事情的后果。

并不需要特意给自己压力，因为看着身边的同龄人，你会发现他们中的很多人会保研、出国，自然而然就开始紧迫从而产生焦虑。

比如，去跟一些在清华、北大的同学聊，去问他们考上后的生活，或者关注一些博主，看到博主过得很好，你会有一种心理落差，产生对比式的焦虑。

德国精神领域的专家葛布萨特尔（Gebsattel）说过一句话：没有焦虑的生活和没有恐惧的生活一

第八章

爱好迁移法，让备考不再痛苦

样，并不是我们真正需要的。就是说，适度的焦虑反而能给我们带来一些动力。

借鉴马斯洛的需求层次理论，劳逸的结合点有三个方面：

生理：人难以在未得到补充的情况下保持长久稳定的体力、情绪、专注，在一定量的劳作之后，需要食物饮水补充体力、睡眠小憩恢复精神，其他的还有到室外呼吸新鲜空气、离开屏幕远眺保护视力。总之，在一段"劳"后需求"逸"以保证生理机能的健康动作。

情感：一定不能忽略人的社会属性，每个人都期待从他人处得到倾诉、同情、慰藉，在一段时间的劳作之后，和他人进行聊天、八卦、胡吹乱侃等社交活动也是必不可少的。

认同：一方面通过有挑战性的事物获得正向的自我认同，另一方面通过做其他事情来证明我可以不受"劳"（不喜欢的）的胁迫从而获得反向的自我认同。

劳逸结合的目的在于能够长期高效地学习，并完成更高层次的追求。所以进行有效的放松，能够更高效地学习。

这点主要关系到你用什么样的娱乐方式。有些人可能打游戏，但我不打游戏。我主要的娱乐方式是跟朋友聊天或者上网。

如果我确定要去做这件事情，就会把娱乐和其完全分开。我当时在备考期间，从来不会拿手机出门。备考4个月期间，白天不看手机，只有晚上才看，除非有特殊情况要用到手机。看时间我都是用iPad看的，我的iPad上也没有微博、抖音、小红书这些分散我精力的APP。

把手机放下这件事情，其实没有想象中那么难。前几天可能心里很痒，感觉自己好像脱离了这个世界，但坚持一个星期就能养成习惯。

还有，我会拿一个计时器，去看一下自己一天能够专注多长时间。只要没走神，在思考、在写东西，

第八章
爱好迁移法，让备考不再痛苦

我就会去计时。当我发现自己走神，或者发现自己在想出去玩、去哪儿玩，脑子里冒出这些乱七八糟的事情时，我就会把计时器停掉。我会看这一天能够专注多长时间，能不能让自己突破。最开始，我一天也就专注八九个小时，之后我记得到了 12 个小时，最后到了 14 个小时。

假如你今天只专注了 3 个小时，明天千万不要给自己定下过大的目标，比如，一定要专注 10 个小时。你就超越昨天的目标就好。

能记住自己有效的学习时间是件很理性、很客观的事情，不然很多人会觉得自己很努力，但其实有效的学习时间并不长，有不少时间是在假学。学习时间并不等同于学习结果，这中间还有个变量叫学习效率，它最能反映你的学习状态。

总结下来就是一个清晰的公式：成功（达成目标）= 目标（决定）+ 我想要（适当压力）+ 习惯（重复行动）+ 有效学习（时间）。

六、防止出现克拉克现象

我中考和高考都考得很一般,所以我对考研的预期就没那么高,我只是去做了这件事情,没有什么期待,所以我的心态反而会变得很好。

举个我自己身上有点极端的例子。我高考发挥失利之后,大学期间整整玩了3年,其实相当于我把自己认为的学习好的光环摘掉了,等我再去考研的时候,我就发现自己的心态平稳很多。我发现将自己的起点放低一些,也没什么不好。

每年考研的录取率这么低,我去做分母也无所谓,就相当于试一试,也没有什么遗憾。所以我考试前一天睡得特别好,如果放在以前,但凡大考前一天晚上我绝对会睡不着觉,第二天在考场上写字的时候,我的手都是抖的。那时候我的心态太差了,但凡有题不会做,我的大脑就会一片空白,完全没办法思考。因为我觉得我付出了很多,我的学习也

第八章
爱好迁移法，让备考不再痛苦

很好，如果达不到我要的结果，我高中3年的努力就错付了，而且机会只有一次，一旦结果不好，我就没别的路可走了，总会莫名其妙地给自己施加压力。但其实现在想想，再复读一年又能怎么样呢？所以心态这个东西特别重要，我身边但凡比较成功的人，面对任何事情的时候心态都很从容。

有个很有意思的词解释了这种考试发挥失常的现象：克拉克现象。即优秀运动员在重大比赛中不能正常表现出所具有的竞技能力，比赛失常的现象。

① 成因：觉得自己有实力而带来的心理压力，特别是像在高考、考研之类的重大考试过程中。

② 过于放大考试的影响：很多人觉得高考会决定自己的命运，故意放大考试的影响。但其实想想，这只是一场考试，决定你命运的不应该是考试，而是你自己。

防止克拉克现象的出现，就要锻炼自己的心态，对考试有美好的期待，也允许不好的结果发生。

七、绝不恋题，完成比完美更重要

为什么说完成比完美更重要？我有一个应试的小技巧在这里分享给大家。

我在模拟考的时候，会划分好特别严格的时间界限，我这一科最多只能花多长时间，超过时长之后，我就不会再死磕下去了。我在做题的过程中，如果感觉到自己效率低，就会在发现复杂题时直接跳过，连看都不会看。

很多人在考试的时候，会说我这个没写完，那个没写完，但是有可能你放弃那几道选择题，就有时间写完了。很多题如果不去做就真的是 0 分，但你去猜，凭运气去写，是有可能得分的。所以不要追求完美，完成比完美更重要。你不需要达到百分之百的效果，想要成功，我们只要比别人好一点点就够了。

第八章
爱好迁移法，让备考不再痛苦

[附] 专注力测试

舒尔特训练法是世界上最专业、最普及、最简略的训练法，普遍利用于飞行员、航天员的训练，也是广大学生的有效训练法。

舒尔特方格是在一张方形卡片上画上 1cm×1cm 的 25 个方格（注意：方格一定要这个尺寸的），格子内任意填写上阿拉伯数字 1~25 的共 25 个数字。训练时，请求被测者用手指按 1~25 的次序依次指出其位置，同时诵读出声。

3	18	10	16	23
5	17	12	20	9
4	25	24	6	1
21	13	15	19	11
7	2	14	22	8

21	4	23	25	17
7	19	15	2	20
13	8	24	9	10
12	18	16	5	1
6	22	14	3	11

5	6	24	9	18
19	8	23	4	22
14	21	25	3	7
17	16	13	15	20
1	2	11	10	12

14	4	6	1	7
10	23	8	16	24
25	17	5	18	12
21	3	19	15	9
11	20	2	22	13

6	9	11	15	19
8	2	24	16	1
23	7	3	14	10
5	21	25	17	4
20	13	22	12	18

21	14	4	23	25
13	6	8	11	16
3	20	15	12	17
24	1	9	10	19
5	7	18	22	2

考试高手 Tips

成功（达成目标）= 目标（决定）+ 我想要（适当压力）+ 习惯（重复行动）+ 有效学习（时间）

1. 做错题本。①挑选错题，不一定是做错过的题，也可以选易错题；②记录错题，将知识点跟错题原因记录下来；③复习错题，回顾知识点和解题思路，不定期训练。

2. 可以逼自己一下，适当的压力能提供学习动力，在劳逸结合方面，拿着计时器训练自己专注的时间，达到专注目标就好好休息，用自己最喜欢的方式娱乐。

3. 考研心态，防止克拉克现象发生，允许考试结果的不理想，也保持对考试的期待。

4. 完成比完美重要，在考试中，不去做只能得0分，做了还可能得分。分配好考试时间，争取将所有题都答完。

第九章

记忆力飞升，试试费曼学习法

考试高手

不要光凭盲目努力去考清华、北大,朝对的方向努力,才能快速提高成绩。

第九章
记忆力飞升，试试费曼学习法

一、四个步骤，把知识点一次性记牢

说起记忆力，想必很多人有一大堆意见要发表：

"学生时代死活记不住东西，每次考试都要熬夜背！"

"有的人脑子比较灵活，记东西特别快，换我就不行！"

"有的事情想忘却忘不掉，有的事情想记却记不住！"

…………

总之，人们觉得训练记忆力是个玄学。但其实在记忆力层面，没有天才和普通人的区别。

有心理学方面的研究报告指出，每个健康人的大脑和科学家的大脑之间并没有什么差别，其中的差异主要来源于每个人的使用方法，而这种差异可以通过一些方法消除。

这一点我太认同了。虽然记忆力没有好坏，但记忆方法真有好坏。好的记忆方法有利于提高学习效率和工作效率，同时也会为你的生活带来意想不到的收获。

一直以来，我都不是什么"学霸"，也不是那种会认真背书学习的人，但很多同学都很佩服我"临时抱佛脚"的能力。我就是那种平时99%的时间都在玩，考前几天突击也能取得不错成绩的人。

我在学生时代就用了一种快速记忆的方法，别人要复习好几遍才能记住的，我只要复习一遍基本就能记住，无形中我比别人节省了不少时间。

这个方法可复制、可执行，核心是：先定目标，梳理框架，再拆分，最后填充。

我就拿我的期末政治考试举例。

第一，定目标。

首先我会将所有的考试的重点总结在2~3页纸上，1万字左右，我的目标就是把这1万字背好且理解到位。注意，第一步是先归纳考试重点，这

第九章
记忆力飞升，试试费曼学习法

样就相当于在无形中熟悉了这些考点。

一定不要拿起书本就开始硬背，除了一些天才，他们可以把自己看过的书一字不差地背下来，并在需要运用的时候准确地回忆起来。我们普通人是不可能在短时间内做到一字不差地背诵全文的，所以先要定一个具体清晰的记忆目标，你才能有的放矢地去突破。

在定目标的时候，一定要根据自己的实际情况，找准自己的方向，而不是漫无目的地给自己增添负担。有了清晰、正确的方向，你在记忆过程中才有可能事半功倍。

在定目标的时候需要注意几个地方：

①目标要具体。比如，我要在考试前背下1万字的考点。

②尽可能用数字来完成标准设定。比如，不要说我要在下周前刷完所有考卷，而要说我要在下周前刷完5套考卷。

③结合自身实际,不要将目标定得过高和过低。比如,让我在一夜之间就学完高中所有知识,就不太合理。或者让我在5年内学完高中的所有知识,这个目标就太低了,对自己毫无挑战,久而久之就倦怠了。

④目标之间需要有关联性。比如,我在备考的时候,给自己定下要去10座城市旅游的目标,也很不切实际。

⑤将目标拆分成小目标和对应完成的时间,比如,把我想考清华拆解下来,先用一学期的时间考进年级前50名,再用一学期的时间考进年级前3名,最后考上清华。

第二,梳理框架列重点。

我画考点时一般会做下面几个步骤:

①看书的时候,狠狠抓核心点,不要把注意力放在一些次要的故事、案例或者描述上面。一个有效的方法是,时常问问自己:"所以,最终的结论

第九章
记忆力飞升，试试费曼学习法

是什么？"

②通过思维导图，我们把一个主题从上往下拆解，最重要的结论在上面，然后是分论点，分层展开，就像一棵树，从主干，再到树枝，最后到树叶。

③合并同类型，分类梳理，提炼精简出想要的内容。跟做英语的阅读理解一样，很多时候只需要我们明白内容的意思就够了，然后将观点用笔标注出来。

④对这些总结出来的内容进行深加工处理，拔高延伸，从更深的层面挖掘本质。比如，这个知识点可能以什么方式出现在题目里。

用上面的方法，将所有知识点总结成1万字左右。我会把这1万字的重点梳理一遍，看看这1万字是不是能归纳成5个左右核心。可以通过思维导图的方式，先把大的框架梳理清楚，然后再在大框架下细分，把每个核心之间的关系弄清楚，每个核心延伸出约3个知识点，这样下来，整个框架就有约 15 个知识点。

梳理下来，几本书变成了 1 万字，最后变成了 15 个知识点。

这样我就会觉得这件事情容易多了，自信心也得到了增强。有自信对记忆力是很重要的。

有研究表明，在大多数情况下，我们并不是记不住，而是不相信自己能记住，所以干脆就不用心去记忆了。记忆和工作、学习一样，那些自信的人总能比不自信的人做得更好。当我们认为自己记不住的时候，多数情况下我们会放弃记忆，即使继续坚持记忆，也往往会因为信心不足而失败。

所以，打消自己的畏难情绪吧，你会发现一晚上你也能记住 1 万字。

第三，记核心框架。

这 15 个知识点最多也就 300 字，你先去记住这 15 个知识点，无论你是硬记，还是联想记忆，根据自己的习惯来就行。

第九章
记忆力飞升，试试费曼学习法

一旦你快速记完这 300 字，你就会有很大的成就感，这种正反馈会不断激励你向下一个目标前进。

第四，多复述。

考试的目的是让你理解知识点，考试给分的关键也是有核心点就行。通过上面三步，你已经把考试重点的核心都记住了。

现在我们对着每一个点，想象自己正在讲给别人听，用自己的语言复述细节，不会的再去看原材料，对比重点记忆这一部分。

这里会用到一个方法：费曼学习法。费曼学习法是由诺贝尔奖得主理查德·费曼提出的一种学习方法，它的核心思想是通过教授他人来深化自己的理解。

二、通过教会别人，深化自己的理解

20 世纪 60 年代，美国物理学家理查德·费曼被邀请去加州理工学院教授物理课程。他很快就发现，学生们对于化学键这个概念很难理解。费曼认为这并不是因为这个概念太难，而是因为教材讲得太抽象，学生们缺乏深入的理解。

于是，费曼采用了自己的学习方法，即费曼学习法，帮助学生们更好地理解化学键。他首先从教材中提取出了有关化学键的重点概念，然后用自己的语言讲解这些概念。接着，他将这些概念和图表画在一张纸上，形成了一个整体性的图示。最后，他用简短而富有启发性的问题来测试学生们的理解。

费曼的学生们发现，这个方法很有效。他们不仅能够更好地理解化学键的概念，而且能够把这些概念应用到实际问题中。这一方法也激发了他们的学习兴趣，使他们更主动地学习化学知识了。

这个案例展示了费曼学习方法的几个关键步骤，即提取出重点概念、用自己的语言讲解这些概念、整合概念和图表以形成整体性的图示，以及用

第九章

记忆力飞升,试试费曼学习法

问题测试理解程度。这些步骤可以帮助学生更好地理解抽象的概念,并提高他们的学习效率和兴趣。

学习吸收率金字塔表明:"教给别人"对学习的吸收率是最高的,达90%。就是表面上看是在教别人,其实是在以教的方式"逼"自己查漏补缺。

费曼学习法被称为史上最牛学习法,能够帮助你提高知识的吸收效率,真正理解并学会运用知识。这个学习方法,可以验证你是否真正掌握一个知识,能否用直白浅显的语言把复杂深奥的问题和知识讲清楚。

费曼学习法的具体操作方法:

第一步,选择要学习的概念,拿一张空白的纸,在最上方写下概念的名称。

第二步,设想你是老师,要教会一名新生这个知识点。这一步要假想自己是讲给一名毫无这方面知识积累的学生听,把你对这个知识点的解释记录下来。

后来,我发现我的记忆方法不仅让我顺利通过考试，还成了我做事的一种基本方式。

在工作和生活中每遇到一个问题，我都会先定目标、定框架、列重点，再拆分、填充，这让我解决问题非常快速高效。这个记忆方法还有一个好处，就是能很快让我看清事情的"本质"。也就是能很快完成前文讲的，梳理框架列重点。

我之所以可以写出一些销量还不错的书，核心就是我擅长对事情进行框架梳理，迅速找到重点。解决了最重要的事情，我再去丰富"血肉"就很简单了。

这一套方法，我建议大家充分运用到工作和生活中。这是我亲测后证明有效的方法。

最后，不要在自己状态不好的时候强行记忆，很多时候，你休息一下会发现记忆效率很快就上来了。俗话说，休息是为了更好地工作。劳逸结合不仅能避免过度疲劳造成的厌倦感，还能最大限度地保证我们对工作、学习的热情和兴趣，让我们提高效率，工作和学习起来事半功倍。

第九章

记忆力飞升,试试费曼学习法

考试高手 Tips:

1. 费曼学习法的核心思想是通过教授他人来深化自己的理解。

2. 费曼学习方法的几个关键步骤:提取出重点概念、用自己的语言讲解这些概念、整合概念和图表以形成整体性的图示,以及用问题测试理解程度。

3. "教给别人"对学习的吸收率是最高的,达90%。就是表面上看是在教别人,其实是在以教的方式"逼"自己查漏补缺。

第十章

最容易快速提分的学科——英语

考试高手

现在拼命执行的好计划,胜过下周执行的完美计划。

第十章
最容易快速提分的学科——英语

英语其实是所有学科中最容易快速提分的学科。学好英语其实非常简单,就是三个字:记单词。但是很多人根本不信,或者记不下去。所以这时候出现了一个词叫"英语名师"。

但其实名师和非名师最大的区别就是,名师可以教你用各种你以为不是在记单词的方法去记单词。

学好英语的核心之一确实是记单词,但这只是掌握一门语言众多方面中的一个。理解为什么记单词如此重要,需要从语言学习的本质出发。

一、词汇是语言的基础

单词是构成语言的基本单元,是沟通和理解的基石。没有足够的词汇,理解语言的含义和进行有效沟通将非常困难。

词汇不仅是用于交流的工具,也是思考和表达思想的基本元素。拥有丰富的词汇量可以更准确、更丰富地表达自己的想法和感受。

强大的词汇库能够显著提升阅读理解能力。能够理解更多的单词意味着能够更快速和深入地理解文章、书籍或其他文本。

丰富的词汇量也是有效写作的关键。准确地选择合适的词汇，可以使写作内容更加有表现力和说服力。

掌握更多的单词可以给表达思想或情感提供更多的方式，也能增加语言的灵活性和创造性。

另外，许多单词蕴含着特定的文化背景或情境含义。了解这些词汇可以更好地理解和融入不同的文化环境。

在听力理解中，词汇量的大小直接影响到能否准确理解对方的意图和信息。

在日常交流中，足够的词汇量是清晰表达、流畅对话的前提。

因此，在英语备考中，词汇的掌握是基础，也是关键。扎实的词汇基础能够显著提高阅读理解部分的解题能力。很多时候，阅读理解题目的难度不在于复杂的句子结构，而在于其中包含的专业或生僻词汇。一旦掌握了这些词汇，就能更快地理解文章的意图和内容，从而快速准确地完成题目。

很多学生过于追求所谓的蒙猜技巧，但说实话，如果看不懂阅读理解，是没办法蒙猜的。

二、如何巧记单词

通过经典英文电影来记忆单词是一种既有效又愉快的方法。这不仅有助于提升英语水平，还能加深对西方文化和语言习惯的理解。以下是具体的案例和方法。

1. 选择合适的电影

选择诸如《肖申克的救赎》《阿甘正传》或《美

国往事》这样的经典电影。这些电影不仅语言丰富，而且包含了许多高频考试词汇。

可以根据个人的英语基础选择电影。对于初学者来说，《哈利·波特》系列可能更适合，而对于高级学习者，《盗梦空间》这样的电影可能更有挑战性。

2. 针对性学习词汇

在观看电影之前，可以查找与电影相关的词汇列表，这些通常可以在网上找到，或者在英语学习论坛上讨论。

在观看电影时，记录下不熟悉的单词和短语，随后查阅它们的意思，并记录在笔记本上。

3. 使用字幕

初期使用英文字幕，这样可以在听力和视觉上同时接收信息，有助于理解单词在句子中的具体用法。

第十章

最容易快速提分的学科——英语

随着英语水平的提升,尝试不使用字幕观看,这将进一步提升听力理解能力。

4. 重复观看与模仿

选择包含新单词的片段进行重复观看,特别是那些有深刻台词或对话的场景。

模仿角色的台词和语调,加强发音练习。可以录制自己的发音,与电影中的原声进行比较。

5. 实际应用

尝试在日常对话中使用新学的单词。例如,学习了"determination"(决心)这个单词后,可以在讨论个人目标或计划时使用它。

用新学的单词写小短文或日记,可以是对电影情节的描述,也可以是自己的感想。

比如电影《肖申克的救赎》,不仅包含了丰富的日常词汇,还涉及了法律和心理学专业术语。例如,在一段对话中出现了"redemption"(救赎)

这个单词，可以记录下来，并在句子中找到其用法，理解其在不同语境下的含义。

通过这种方法，你不仅能够有效地记忆高考单词，还能提升对英语电影的欣赏能力和文化理解。记住，学习语言不仅是记忆单词，更是了解它们在实际语境中的运用。

以下是一些经典电影的案例以及如何利用它们学习高考单词。

· 《阿甘正传》（*Forrest Gump*）

台词示例：Life was like a box of chocolates, you never know what you're gonna get.

学习方法：记录并分析台词中的"chocolates"和"gonna"，理解生活的不确定性和惊喜。

· 《盗梦空间》（*Inception*）

台词示例：An idea is like a virus, resilient and highly contagious.

学习方法：关注"resilient"和"contagious"，

第十章
最容易快速提分的学科——英语

理解想法的影响力和传播性。

· 《泰坦尼克号》(*Titanic*)

台词示例：I'm the king of the world!

学习方法：通过这句话理解"king"的象征意义，即在此刻的自由和成功。

· 《朗读者》(*The Reader*)

台词示例：What would you have done?

学习方法：探讨"done"在道德选择和决策中的应用，记录并在自己的语境中尝试使用。

· 《社交网络》(*The Social Network*)

台词示例：A million dollars isn't cool. You know what's cool? A billion dollars.

学习方法：学习"million"和"billion"，并在讨论财富和目标时使用。

通过上述方法，学习者不仅能有效记忆高考英语单词，还能深入了解这些单词在实际语境中的用法。这种结合学习和娱乐的方法，不仅提高了学习效率，还增加了学习的乐趣。

三、理解西方思维习惯，培养语感

当然除了词汇以外，其实如果想要更高的分数，甚至接近满分。更需要理解和形成西方思维习惯，培养语感。

英语不仅是一种语言，也是一种文化和思维方式的载体。中西方在表达方式和逻辑结构上有所不同。例如，西方语言倾向于直接和明确，而东方语言更注重含蓄。理解这些差异有助于更准确地解读英语材料。当学生能够把握作者的思维方式和文化背景，在理解和分析文章时将更为得心应手。

英语的命题往往来源于真实的英语使用环境，如报刊、杂志和文学作品。这些材料的编撰往往考虑到它们的主要读者群体——中产阶级。因此，了解这一群体的兴趣、观点和话题是理解这些材料的

第十章
最容易快速提分的学科——英语

关键。例如，理解中产阶级对环境保护、教育或经济政策的看法，可以帮助学生更好地把握阅读材料的主旨和深层含义。

四、考试过关技巧

此外，还有一些英语阅读理解的更详细的考试过关技巧如下。

1. 理解文章结构和内容

在阅读文章之前，先快速浏览全文，特别注意标题、开头段落和结尾段落，这有助于把握文章的总体框架和主旨。例如：如果文章标题为"Climate Change and Future Challenges"，那么文章很可能围绕气候变化及其带来的挑战展开。

在阅读每一段时，努力寻找主旨句，通常位于段落的开头或结尾。理解主旨句有助于快速把握每一段的核心内容。例如：如果一段的开头句是"Deforestation contributes significantly to global warming"，那么这一段很可能讨论的是森林砍伐对全球变暖的影响。

遇到不熟悉的词汇时，尝试根据上下文推断其意思。关注该词前后的词汇、标点符号和句子结构。例如：如果一句话是"The proliferation of mobile devices has dramatically changed our lives"，而你不知道"proliferation"意味着什么，可以根据"dramatically changed our lives"推测它表示"大量增加"。

理解一个词在特定语境中的用法，而不仅仅是其字面意思。例如："Apple"在不同语境中可以指"苹果"这种水果，也可以指"苹果公司"。

2. 分析和批判性思维

努力理解作者的论点和论据，尝试从中辨别作者的观点和感受。比如：文章可能通过列举数据和案例来支持其观点，如在讨论全球变暖时引用科学

第十章
最容易快速提分的学科——英语

研究和统计数据。

对文章中的论据和观点进行批判性分析。思考作者的写作目的和目标读者群体。比如：在一篇关于消费主义的文章中，思考作者是否倾向于批评现代消费文化，以及这种倾向如何影响了他们提出的论点。

3. 答题策略

阅读题目时，精准定位问题所需的信息，关注那些能够直接回答问题的信息。如：如果问题是"文章主要讨论了什么问题？"那么应该专注于寻找文中的主旨句。

仔细阅读题目，确保正确理解了问题的要求。如：如果问题是"作者对……持什么态度？"那么需要关注文中反映作者情感和态度的词汇和句子。

4. 时间管理

在有限的时间内，快速浏览全文，获取文章的大致框架和关键信息。在阅读理解部分合理分配时间，确保有足够的时间回答所有问题，避免在一篇文章上花费过多时间，每篇文章应该有大致相同的阅读和解答时间。

通过运用这些策略，我们可以更有效地应对英语阅读理解部分的挑战，提高阅读速度和理解能力，从而在考试中取得更好的成绩。

考试高手 Tips：

1. 学好英语其实非常简单，就是三个字：记单词。

2. 通过经典英文电影来记忆单词是一种既有效又愉快的方法。这不仅有助于提升英语水平，还能加深对西方文化和语言习惯的理解。

3. 如果想要更高的分数，甚至接近满分。更需要理解和形成西方思维习惯，培养语感。

结语

知乎答主"@核聚"分享了他的故事：人生最后悔的事情莫过于——"我本可以"。如果这个观点是对的，那么，人最核心的能力就是把自己能做到的事情做到位，无论是否年轻。一般来说，只要做到这一点，就不容易错过机会，并且很可能取得自己都始料未及的成就。上小学的时候，因为家里管得严，我的成绩一直都还不错，数学经常会考到满分。初中的时候，考试拿到满分已经罕见了，但是，我觉得很正常，反正大家都做不到，只要排名很靠前就行，比起别人有优势就可以了。然后，初三有一次参加化学竞赛的机会。学校里弄了一个竞赛小组,安排老师专门授课,课后发了大量的课外资料、竞赛题目。我按部就班地走完了流程,结果,区一级的化学竞赛我就被刷下来了。我的成绩很普通。但是我们学校有位同学得了奖。结果出来的时候,我只是稍微愣了一下,怎么是他呢?这位同学的综合成绩跟我并不是一个量级的。他在化学上为什么如此厉害,轻松碾压我?我没有继续想下去。我觉得想这个问题不那么重要,因为,能否上重点高中主要看综合成绩。结果,我读了重点,他只上了普通高中。但是到了高中,我就愣住了。我在班里排名三十几,中等水平。学习最好的同学,比我多100多分。这事儿,让我心慌了两年。我搞不懂,这些人为什么如此厉害?各种模仿、各种尝试失败之后,绝望之际我问:自己到底能做到什么?能做到的事情是否做到位了?比如说,做错的题目就别再出错了,弄懂的东西就别再忘了。我发现,这么基本的事情我居然做不到。按照逻辑推理,如此基本的事情都

结 语

做不到，那么想别的都是多余，什么排名啊，重点啊，名校啊，都是幻想。后来，我付出了巨大的努力，使得做过的题目保证会、弄懂的东西更熟练。这件事，听起来很简单，做起来却非常难。因此，为了做到这个最基本的事情，我不得不全神贯注，也因此，焦虑消失了，因为没时间焦虑。我功力与日俱增。如此循环，我考入了北京大学。我没有想到，做到了最基本的事情，把自己能做到的事情做到极致，竟然有如此威力。当了老师之后，我想方设法、力图做到我能做到的极致，好让我的学生明白这个大道理。比如，去年有一位学生，考研的时候，记录了每一天的学习日志。有一天她写到，有一道数学题目，她居然做了10遍之后，再次重做，仍然做错。正是第11遍做错让她恍然大悟，对某个基本定义的理解从一开始就是错的。如此，她做了第12遍。我当天跟她说，我要把这篇日志的电子版存下来，留作纪念。后来，她考到了清华大学深圳研究生院，材料系。我又跟她说，我把你的学习日志电子版买下来，1000元，允许我给其他同学作为参考。她同意了。在我看来，相对于这条人生大道理的价值，1000元不算多。一个人一旦真的明白了这个大道理，不仅有了一个处处可用的方法，而且此后的道路上发挥怎样的价值功用难以估量。我相信，结果无论如何，你已经达到了以前自己从未达到的高度。即便你去工作，做任何工作，都会越做越好，快速进步。所以，我还是觉得，只要自己认为重要的事情，就在自己能力范围内做到位。这样，无论是否坚持下来，是否随着见识的提升，有了新的选择，都不会后悔。况且，当认真对待自己认为重要的事情，并且做到位的时候，往往我们就会从中发现乐趣，坚持起来也就没那么难了。总之，始终不要放弃自己对人生最远大的期许，眼下走的路虽然未必是必经之路，但是走路的能力是一点一滴磨炼出来的。